育儿新理念

孩子的性格由妈妈决定

Haizi De Xingge You Mama Jueding

[日]秦野悦子　著
杨林蔚　译

中国出版集团
现代出版社

版权登记号：01-2014-7954

图书在版编目（CIP）数据

孩子的性格由妈妈决定 /（日）秦野悦子著；杨林蔚译. —北京：现代出版社，2016.4

ISBN 978-7-5143-3860-7

Ⅰ.①孩… Ⅱ①秦… ②杨… Ⅲ①家庭教育—儿童教育 Ⅳ. ①G78

中国版图书馆CIP数据核发字（2016）第058719号

孩子的性格由妈妈决定

作　　者	［日］秦野悦子
译　　者	杨林蔚
责任编辑	曾雪梅
出版发行	现代出版社
通讯地址	北京市安定门外安华里504号
邮政编码	100011
电　　话	010-64267325　64245264（传真）
网　　址	www.1980xd.com
电子邮箱	xiandai@vip.sina.com
印　　刷	三河市国新印装有限公司
开　　本	880mm × 1230mm　1/32
印　　张	5
版　　次	2016年4月第1版　2016年4月第1次印刷
书　　号	ISBN 978-7-5143-3860-7
定　　价	27.00元

前言

如果说妈妈的教育方式会决定孩子的性格，你会怎么想？

若真是如此，那妈妈每天在孩子面前表现出的一举一动，都有可能造成无法挽回的影响。那么妈妈身上的责任未免也太过重大。

不过，最新的发展心理学研究已经明确证明这种武断的结论是错误的。而且，在孩子出生到妈妈把他抚养成人的这段时间里，倘若育儿没有取得预期的效果，除了与妈妈的教育方式有关之外，孩子本身具有的强烈个性也是无法忽视的原因之一。

在孩子性格养成的过程中会受到很多因素的影响。“妈妈的教育方式会影响孩子的性格”这点毋庸置疑。但是在妈妈影响孩子的过程中，孩子也同样会影响到妈妈。性格就是在养育者与被养育者相互影响的过程中被塑造出来，并非只是单方面的作用。本书就是基于“妈妈的教育方式会影响到孩子性格”的立场，来探讨如何正确处理孩子性格养成与育儿中的问题。

从妈妈的角度来看，那些让人觉得“头疼”的孩子都是父母单方面认为他们“不成器”，是“坏孩子”，从而导致自己身处辛苦和无奈之中。如果和孩子沟通不顺利，可能问题并不是因为哪一方有性格缺陷，而是在不知不觉的过程中让亲子关系陷入了模式化的窠臼。这种情况并非只在孩子的青春期中出现，在儿童期和幼儿期也存在同样的问题。

希望本书能够成为妈妈重新审视孩子性格的契机。

秦野悦子

目 录

第一章

孩子的性格是这样形成的

孩子们爱玩的电脑游戏中有一类角色养成类游戏。虽说是已经设定好的程序，但玩家在游戏过程中能体验到自己的角色在经验积累和不断努力下，能力不断提高，在游戏中成长起来。

这种游戏之所以受到众多玩家的喜爱，多半是因为人生也是如此。人并不是一生下来就具备某种能力，而是通过后天积累的个人经验和努力的程度，从而走上各自不同的人生道路。游戏角色的性格特征主要由两部分构成，一是每个角色的原始设定，这个很难改变；二是通过游戏经验获得，这个则很容易操纵。这方面与真实生活中的人类性格形成方式也非常相似。

在论及不同的性格之前，我们先共同梳理一下“性格到底是个什么东西”。

1 性格是怎样形成的

说到孩子的性格是怎样形成的，并不能简单地定下什么是因，什么是果。因为能够影响性格的因素有很多种。

首先，就让我们一起看看都是哪些因素塑造了性格吧。

在人际关系中塑造的性格

塑造孩子性格的因素中值得一提的首先就是人际关系。

妈妈是孩子在人生中第一个遇到的、也是维系时间最长的人际交往对象。因此，亲子之间的相互作用对孩子的性格会造成很大的影响。特别是在婴幼儿期——人格形成的基础阶段——这个非常时期中的亲子交往更是重中之重。不过，要是说这段时期会左右孩子一生的性格，则是言过其实。除了父母之外，还有很多人会对孩子的性格产生影响。

对孩子来说，最亲近的人就是家人了。提到家人，并不是指母亲和孩子或者父亲和孩子这种一对一的关系，而是人一生下来最先接触的小集团。在这个集团中，每个人所扮演的角色也会影响到性格的形成。例如所谓“老大性格”和“老幺性格”的说法，就是以他们在家庭中的角色命名的。

此外，等孩子到了三岁以后，他的社交圈就慢慢扩大了，住在附近跟他一起玩耍的同龄人，以及早教中心和幼儿园的老师这些成年人，都会对孩子性格的形成产生影响。

综上所述，在孩子成长的社会化过程中，他的性格是在人际交往及相互关系的影响下形成的。

在处事方法中塑造的性格

所谓性格，其实就是一个人在行为举止中表现出来的一贯模式。也就是说，一个人会对某种行为作出同样的反应。反过来讲，一个人在采取某种行动时，会根据得到的结果去调整接下来的行动（模式）。

例如，婴儿看到人之后露出了微笑的表情，如果此时大人把他抱起来陪他玩耍，那么婴儿往后遇到人也都会微笑。若是又得到了拥抱的“奖赏”，那么这样的经历经过数次重复之后，就会建立起良好的人际关系。一旦婴儿与特定的某个人之间建立起这种良好的关系，那么在婴儿心中就会产生“人值得信任”的牢固观念，他的脸上就会经常泛起微笑。在大人看来，这样的孩子不认生，性格开朗，讨人喜爱。这种良好的人际关系就会逐渐扩大其影响范围。

在心理学领域，婴儿的这种待人方式被称为“内部工作模式”，正得到人们的广泛关注。指的就是个人将人生初期与特定的某人之间形成的交往方式作为处事模式，将其运用于和他人的交往之中。

婴儿和大人到底是谁先影响了谁这并不重要，关键是明白了良好关系的建立需基于双方的相互作用。

也就是说，孩子的性格并非由他一个人创造出来，而是人和人相互作用的产物。

在亲子交往中塑造的性格

亲子的血缘关系虽然密不可分，但是彼此之间的交往却应保持恰当的距离。

当孩子长大成人后，妈妈要和他们保持“一碗汤的距离”；而在婴幼儿时期，则需要保持“目光可及，需要的时候手也够得到”的距离。没有必要随时随地都和孩子黏在一起，妈妈的一举一动以引起孩子注意、触发他们的反应为标准，能起到“扳机”的作用为佳。

有的时候，大人为了引起孩子的注意，就把自己觉得好玩的东西展示给他们。结果不仅没有得到预期中的反应，甚至还会破坏亲子关系，把气氛搞得很尴尬。这就像是在操作电脑时，不断敲击键盘发出指令，导致屏幕死机；或者是打开了过多的窗口，电脑一时处理不过来，响应速度变慢。每个孩子都是独立的个体，都有自己的个性。“敲击键盘的频率”如果超过了他的承受能力，自然就不能令他顺利启动，也做不出来恰当的反应。虽然这个道理显而易见，但妈妈们很有必要放在心上。

因此，并不是说单方面给予孩子越多的刺激就越好，重要的是能让孩子有良好的反馈表现。为了适时扣动“扳机”，家长们还是要先好好了解孩子自身的情况。

在环境和文化中塑造的性格

一个人的性格是在各种各样的关系中养成的，自然也离不开他所生活的时代和社会环境中那些常见行为模式的影响。

例如有人会被描述成“很中国”。当然，并不是说每个中国人都很能忍耐、勤勉和亲切，但是在中国特有的环境、气候以及长期的历史发展中，人们已经形成了某种行为模式，每个中国人都多少受到了这种影响。

外国人也不例外。我们总说拉丁美洲人热情，德国人严谨等。这也就是所谓的千篇一律，事实上也没有这么绝对。但不能否认的是，不同的水土、文化和环境确实会造就不同的性格。

在社会中塑造的性格

与前面提到的国家和文化类似，这里说到的“社会”，是相对狭义一些的概念。当孩子进入小学和幼儿园后，他们会接触到除了父母以外的其他成年人。他们对孩子造成的影响就可以说是社会的影响。

请大家看下面的一段对话，这是发生在美国小学五年级的一节社会课上的情景。

托米:“我认为林肯是最伟大的总统。他结束了内战，统一了美国。”

老师:“想必有很多历史学家都同意你的说法吧？”

麦克:（看到托米没有回答）“我可不那么认为。我爸爸说里根才是最伟大的总统。”

戴维:（插嘴）“里根？你在开玩笑吧？”

老师:“那你觉得谁才是美国最伟大的总统呢？”

戴维:“富兰克林·罗斯福。他把人们从经济危机中拯救了出来。”

鲍勃:（大声）“我觉得选哪个总统最厉害这件事本身就是错的。因为他们都很伟大。”

老师:“你这个想法倒是很有意思。”

艾米:“现任的总统无论跟历史上哪位总统比，他都比不过。”

老师:“我知道了。不过艾米你忘记规则了哦。在教室里发言之前，一定要先举手。”

（作者根据《The Development of Language》一书改编）

读完之后，你注意到了什么？

可能上课的老师并没有意识到，在男孩子发言的时候，他通过插入评论来引导男孩们积极地表达自己的想法；而对于同样发表自身意见的女孩子，老师并没有评论她所说的内容，反倒去提醒她的行为举止。这样在不知不觉中，女孩子就被教育成行为谨慎的类型。

有时候，男孩和女孩虽然有着相同的表现，所获得的评价却大相径庭。男孩做了就是"活泼"，而女孩做了就会遭到"疯癫"、"任性"的批评。哭泣也是同理。女孩哭，就会认为她"敏感"、"心软"，男孩哭的话，就会被贴上"胆小鬼"、"不像个男人"的标签，人们总说"男孩子不要哭。"

在这样的环境下，男孩就变得深沉内敛，而女孩则更容易表露内心的情感。这就是社会赋予他们的性格。

不过，也有的孩子在转学前被认为是"热情活泼"，而到了另一个学校却得到了"粗鲁随便"的评价。随着地域和时代的变迁，人们的标准很容易发生变化。所以妈妈们不要轻易被这样的评价所左右。

在角色中塑造的性格

一名刚上任的幼儿园老师，在孩子们面前会摆出老师的姿态；当她和学生时代的朋友们一起聚会时，又变成了一个普通的年轻人；回到家后，她就是一个在父母面前"饭来张口衣来伸手”备受宠爱的独生女。

虽然是同一个人，但在不同的场合下，她都扮演了相符的角色，看起来像是具备了多重性格一样。连自我称呼也随之变化——对孩子们称“老师”，在朋友和家人面前就是“我”。

无论是警察还是护士，无论是空中小姐还是超市店员，他们在身穿制服的时候，行为举止就应和自己的职业相符。虽然是通过自己的行动去完成了角色，但也并不意味着这就是性格的全部内涵。所谓的角色性格，当角色发生变化的时候，性格也会随之改变。

“像哥哥（姐姐）一样”就属于角色性格的一种。其中包含了妈妈的期待，希望孩子能够表现得“像哥哥(姐姐）一样”。但是，这最多也只不过是一种角色而已，他并不会真的变成“哥哥（姐姐)”。当孩子完成了这个角色的使命，还请让他做回一个普通的孩子。

天生的特质

性格中表现出的个人差别，在心理学上被称为“气质”。这就是人类个性的起源。即便是与刚出生的婴儿共同度过一天，你也会为他的个性之丰富而惊讶。每个婴儿的哭泣方式、玩闹方式、清醒和睡眠的模式规律、对周围声音和人物动作的感受性、对新环境的适应性、反应的偏好性以及活动的频繁性等，都不一样。在新生儿室工作的看护师们就知道婴儿们对周

围环境的反应各不相同，他们能分辨出每个婴儿的个性。

每个人都有各自的处事方式。即便是刚出生的小婴儿，也拥有独立的个性。

如果有机会的话，可以问问妈妈自己还是婴儿的时候，是个什么样的孩子。回答若是“每天都睡得很好”，那就说明你清醒和睡眠的节奏很有规律，醒着的时候就好好玩，到睡觉时间就很容易入睡，个性很好，不让人操心。要是父母说关门开门、关灯开灯的声音都能把你吵醒，非常神经质，家里大人走路都得轻手轻脚的，想必你小时候就是一个对周围刺激非常敏感的孩子，很难适应新的环境。如果说不知道害怕，什么都想去做。大人生怕出危险，眼神都不敢错一下，那就说明这是一个好奇心旺盛的孩子。要是妈妈回忆说费很大功夫才能让你适应一个新环境，好不容易适应了，也不怎么爱活动，说明这是一个“慢热”的孩子。

妈妈口中描述的小时候的样子，跟如今的自己对比起来，你得出了什么结论？据研究结果显示，有三分之一的人认为即便过去很多年，自己的性格也没有任何改变；还有三分之二的人觉得在成长的过程中个性发生了改变。

人生来所具有的个性，在成长的过程中通过周围人的接受和回应方式的“打磨”，逐渐表现出了更加明确的特质，或者出现了其他的特点，最终形成了这个人的性格。也就是说，人天生的特质并不代表这个人全部的性格，而性格也不全都是后天培育出来的。

妈妈是孩子在一生中最先遇到的人，身为抚养者，家长有自己的个性；身为被抚养者，孩子天生也有自己的个性。希望妈妈们不要忘记这一点。以孩子自身的个性为基础，家长们要支持和鼓励他们形成更加丰富的性格。

压力也会影响性格

人们总以为压力不是个好东西，但实际上它带来的并非都是负面的影响。适度的紧张感能够提升干劲和动力，让人更加努力去完成目标。

当一个家族面临大事件的时候，压力有时会让每个家庭成员都产生集体感，大家一起面对困难，令整个家族更加团结。当然，危机也会打破平静的生活，最终导致家庭破裂的情况也并不少见。

自然灾害、交通事故、战争和犯罪等无法避免的天灾或者人祸会对人的性格造成巨大的影响，古往今来已经有很多不幸的事例证明了这一点。即便不是社会性的大事件，一个家庭中父母的离婚、死别、亲人关系破裂、失散等情况也会在很大程度上改变一个人的性格。即便有些家庭表面看上去既没有经济问题也没有大的家庭问题，但亲子关系已经破裂，或者是到了破裂的边缘，甚至有自愿舍弃的。

因为偶发的大事件而造成的压力，其根源和结果都是显而易见的。而那些持续性——慢性的压力则很难说清具体是由什么造成的，一件很小的事情就可能触发压力反应。这种在日常生活中慢慢积累而成的压力一旦爆发出来，就很难被家人理解，令他们感到困惑不堪。

要想让孩子健康成长，关键得掌握他在成长发育的各个阶段中性格形成的特点，充分理解他的个性，不给他施加多余的压力。

2 妈妈的性格会影响孩子

亲子关系与孩子的性格

在婴幼儿期和儿童期，孩子的生活绝大部分都依赖于妈妈，因此会在很大程度上受到妈妈的影响。亲子关系会如何影响孩子的性格形成呢？下面我们就看几个家长们常犯的典型错误。

过度支配造成没主见

说到支配，一般会认为是家长对孩子提出各种命令和要求。其实除了这种“可怕的”支配之外，赶在孩子前面把所有的事情都做好这种溺爱孩子的行为，也是支配的一种表现形式。如果妈妈总对孩子指手画脚，他可能会变成一个“听话”的好孩子，但会养成缺乏主动性、遇事没主见的性格。

过度服从造成蛮横

有些家长过于疼爱孩子，无论什么愿望都会帮他满足，该批评的时候不忍心批评，该让他忍耐的时候不舍得让他等待。在这种环境中长大的孩子，会产生一种“万能感”，觉得自己不管做什么都会被原谅，是最特别的人。他简直就是家里的“小暴君”。当他不得不进入到公园、幼儿园、小学等社会生活领域，就会在借还东西、遵守顺序以及交朋友这些需要与他人和谐相处的方面出现沟通问题，产生烦恼。

过度拒绝造成懦弱

虽然很少会有妈妈想要主动地拒绝孩子，但是当家务缠身时就会不自觉地敷衍孩子，或是在日常生活中拿他与兄弟姐妹作比较。这些行为也算是一种“拒绝”。被拒绝的孩子会产生强烈的自卑感，认为自己不重要，很难做到自尊自爱，面对他人时总是有被害妄想。这样的孩子容易形成顽固型和攻击型的性格，明显很难适应学校生活和家庭生活。

过度保护产生依赖

有些妈妈会打着“为了孩子”的旗号，每天给他准备好要穿的衣服，吃鱼的时候帮他先把刺挑出来，等等。孩子能自己做的事情妈妈却代劳，不让他去挑战新事物——这就是过度保护。乍一看，这样能让孩子养成温和平静的性格，但另一方面，孩子的依赖性大大提高，没有妈妈就什么也做不成。长此以往，妈妈身上的负担会不断增加。

从看电视中表现出来的亲子相处模式

美国的心理学家曾经做过一项研究，名为“从婴幼儿时期孩子接触电视的方式中分析妈妈的价值观和态度”。根据对待看电视的不同态度，他们把妈妈们分成了统治型、启发型和共存型这三种类型。

统治型指的就是妈妈占主导地位，由她来规定看电视的时间和所看的节目，主张能不看就尽量不看。启发型妈妈的教育观念很强，她们把看电视当作是学习和教育中的一环。看这个节目能增长知识，看那个节目有助于学习等，电视就是一种教学工具而已。共存型妈妈则是陪孩子一起看电视，尊重孩子的兴趣，在看的过程中能附和孩子的想法，做出“有意思”、“好玩”、“真可笑”之类的评价。数据分析显示，婴幼儿时期在共存型关系中长大的孩子，当他进入到少儿期后接触到以电视为代表的多种媒体时，表现出了更强的自我控制力。

也就是说，当孩子进入到少儿期后，硬要他自我约束，做到“每天只看两个小时电视”、“看电视前先完成作业”是非常困难的。妈妈应该在孩子尚处在婴幼儿时期的时候，就注意培养他的主观能动性。

这种观点不仅适用于看电视，在其他方面也同样可行。

妈妈在日常生活中如何对待孩子，所造成的影响也会在其他场合中表现出来。这就是所谓的“孩子不是教出来的，而是家长在日常生活中潜移默化影响出来的”。

教育方法体现妈妈的性格

前面我们已经看到了妈妈对待孩子的方式会如何影响孩子的性格和行为。也就是说，妈妈的性格倾向会改变孩子的性格。这里并不是要给出结论来判断妈妈的性格是好还是坏，而是希望妈妈能够明白自己“容易产生这样的倾向”。

妈妈如果能够全盘接纳孩子的言行，对他们采取“接受的态度”，孩子就会觉得自己没有受到任何限制，能够畅所欲言，那么他们“自己做主”的能力就得到了提升。而且，妈妈去附和孩子，通过“真棒啊”、“很痛苦吧”等话语表现出来的“同感的态度”，也会让孩子觉得家长没有否定自己的感受，还能通过“同感”学习到正确的表达情感的方式，孩子的“自我控制”能力也会提高。

另一方面，妈妈要是采取“控制的态度”，凡事都由自己决定的话，则会降低孩子的自由度，令他们产生无力感。因为缺乏自己做主的经验，所以就会认为自己没有能力，甚至连控制自己的信心都不足。这样的孩子就不擅长掌控自己的行为。

此外，倘若妈妈滥用自己的权利，甚至在育儿过程中使用威胁或者体罚的手段对待孩子的话，就会让孩子认为强大的人欺

负弱小的人是理所应当。因此，以后他就会在自己处于优势地位时去欺压弱小，自己处于弱势地位就采取卑躬屈膝的态度。随着状态的变化而改变自己的态度，看起来很有主见的样子，实则是自我控制能力不强的表现。

妈妈需要一种平衡感

那么，究竟什么样的妈妈才能教育出性格好的孩子呢？

一言以蔽之，就是“平衡的妈妈”。

也就是说，世界上不存在某种理想的、唯一“应该成为”的妈妈模范。对孩子来说，无论是哪个妈妈也做不到完美无缺，也没有必要做到完美无缺。根据具体的情况，有时妈妈要对孩子下达命令（支配），有时却要顺着孩子撒娇（听从），有时得去阻止孩子（拒绝），有时却要包容理解（保护）。哪一方面都不突出，同时也没有哪一方面明显不足。只要这一切行为的出发点都是对孩子的爱，能做到各方面平衡，那么孩子的性格就没什么可担心的。

如果你是易怒型人格，倒也没有必要勉强自己做一个不生气的家长。生气归生气，只要能保证在吃饭或者洗澡这样亲子共处的时间里，温柔地对待孩子就可以。如果你注意到平时忙于照顾小孩子，而忽视了大孩子的话，那就更要经常抱抱大孩子，告诉他“妈妈很感谢你”，或者是购物的时候让他挑一种自己喜欢吃的零食。通过这些细节来让孩子知道你还是很关心他的。妈妈身处的环境和行为习惯虽然一时半会儿改变不了，但是只需稍稍为孩子多做一点，却并不难办到。

妈妈是否做到了对孩子“平衡相待”，只观察一天是得不出结论的，需要以一周或是一个月为单位进行考量。

认同自己的性格

你是不是认为没把孩子教育好就是因为自己（的性格）有问题?

那些觉得自己不中用，必须改变性格的人，最终却做不出任何改变。因为否定自己的人，根本就不相信自己能有改变性格的力量，所以难以做出改变。即使好不容易有了点变化，也会觉得“这点根本不够，我果然还是不中用”。慢慢就陷入了自我否定的恶性循环。

假如真想改变自己的性格，那就先从发现自己的优点着手。

没有人是真的一无是处，软弱和优柔寡断有时也有好的一面。必须得抱着“我是一个有价值的人，是一个优秀的人，还可以变得更优秀”这样的积极态度。只有相信自己能变得更棒，才能引导自己发现那些原来没有注意到的优点。如果能这样想，就是开始好转的第一步。

因此，人应该自我审视，自我开解，不再嫌弃性格中那些不好的方面。如果否定了现在的你，未来就无法变成更好的“你”。

3 孩子的性格让妈妈有喜有忧

为何无法认同孩子的性格

有的妈妈觉得自己孩子的性格差。也有不少人为自己居然会产生这样的想法而自责，觉得自己不是个合格的妈妈，从而陷入了自我厌恶的怪圈。其实这也没什么特别的。

仔细想想就会发现，孩子身上那些让自己讨厌的性格，其实大多都是自己也有的毛病，要么就是配偶的缺点。孩子的某些表现，让自己联想到了麻烦的婆婆，或者是可怕的父亲。

当孩子身上体现出这些的时候，自己的感情就像是突然被放大了，有种意想不到的厌恶感涌上心头。结果就会去干涉孩子的行为，使用过于强烈的语气和严肃的态度去对待孩子，有时甚至将孩子彻底逼入绝境。

妈妈也能感觉到对孩子可能过于强硬了，但是有时候爆发出的感情一时难以收回，无法去安抚孩子。更糟糕的是，孩子感受到了妈妈的怒火和厌恶感，就会变得不安。而看到这一幕的妈妈，厌恶感反而更加强烈。这样就形成了一个负面情绪的恶性循环。

当发觉孩子的性格出现问题时，其实是亲子关系出现了问题。有必要从多方面来分析孩子性格问题的成因。

兄弟性格不同的疑惑

由同一个父母所生，用同样的方式抚养长大，为什么兄弟之间的性格会有不同呢？想必有很多人都有这个疑问。接下来让我们分析一下兄弟性格为何会产生差异。

假设一个家庭有两个孩子，如果一个孩子被妈妈认为是“好孩子”，那另一个孩子为了引起妈妈的注意，可能宁愿去做一个“坏孩子”。当妈妈发现了他的错误举动自然会表示强烈斥责，越看越觉得“坏孩子”的行为扎眼，更难以忍受他的行为。而那个孩子的错误举动也会随之升级……如此就形成了一个恶性循环。

而且，我在前面也提到过，孩子天生就有各自的“气质”。但并不意味着父母相同的亲兄弟气质就会一样。

因此，妈妈总会有这样的疑问：“明明这招对老大很管用，怎么对老二就不管用了呢？真是个难伺候的孩子啊。”虽说有时候确实是妈妈多虑了，但对于没有亲眼见过他人育儿，自己也没有养育过几个孩子的现代妈妈而言，确实很容易陷入这样的迷惑。

反过来说，比起年纪尚小的老幺，妈妈更容易用否定的态度去对待老大。这并不是孩子自身的问题，而是因为妈妈对老大的期望值过高。一旦达不到这个标准，妈妈就会觉得这个孩子“不中用”，从而产生否定感。

作为妈妈，没有人从一开始就打算对哪个孩子偏心，都想对每个孩子一样好。但总会以某件事为契机，在无意识中给某个孩子贴上“坏孩子”、“不中用”、“不诚实”之类的标签。而这个标签在兄弟之间经过对比之后就愈发明显，渐渐地，妈妈就不去关注这个孩子的优点了，就更看不到他的长处了。

希望妈妈能够抛弃“这孩子就这样了”的成见，重新去关注、审视他的行为举止。想必能发现自己孩子身上原来不为人所知的优点。

不要对孩子抱持过多的期待

最后，我们再讨论一下为什么妈妈会对孩子的性格有喜有忧。

妈妈们都希望自己的孩子将来能够幸福，拥有人见人爱的好性格。因此，发现他的长处后就大加赞扬，觉得哪里不对就当面斥责，为如何让他改正而苦恼不已。这就是所谓的有喜有忧。

但是，如果忽略孩子本身的个性，把自己的评判标准强加给他，孩子真的会幸福吗?

即便是妈妈没有强迫孩子做什么，孩子也对妈妈的期待非常敏感，能从妈妈的一言一行中读懂他们的心思。为了成为妈妈期待中的那种孩子，他们会强迫自己朝那个方向努力。但是，这种做法与自身的特性并不相符，反而会在青春期表现出强烈的反抗意识。

这里又要老生常谈了，孩子的性格是在人际关系中不断变化的，需要从多个方面来看待它。

希望妈妈们能够善意地接受孩子本身的性格，并不断寻找令其健康发展的方法。

第二章

孩子的性格
取决于妈妈

1 了解妈妈自己的性格

我们在第一章中已经了解了性格形成的几种方式。这些方式不仅可以用来分析孩子的性格，同样也适用于妈妈。我们先来分析一下自己吧。

人的性格中天生就具备的特点被称为“气质”。以此为基准，周围的环境又塑造出了人的“狭义上的性格”。进入社会后，通过与他人的交往，产生了“社会性格”，所扮演的角色又赋予了人“角色性格”。构成性格的基础很难被改变，后天养成的性格则相对容易变化。

如图 1 所示，是性格构成的同心圆。请参考各组成部分，想想看自己的性格都具有哪些特点。

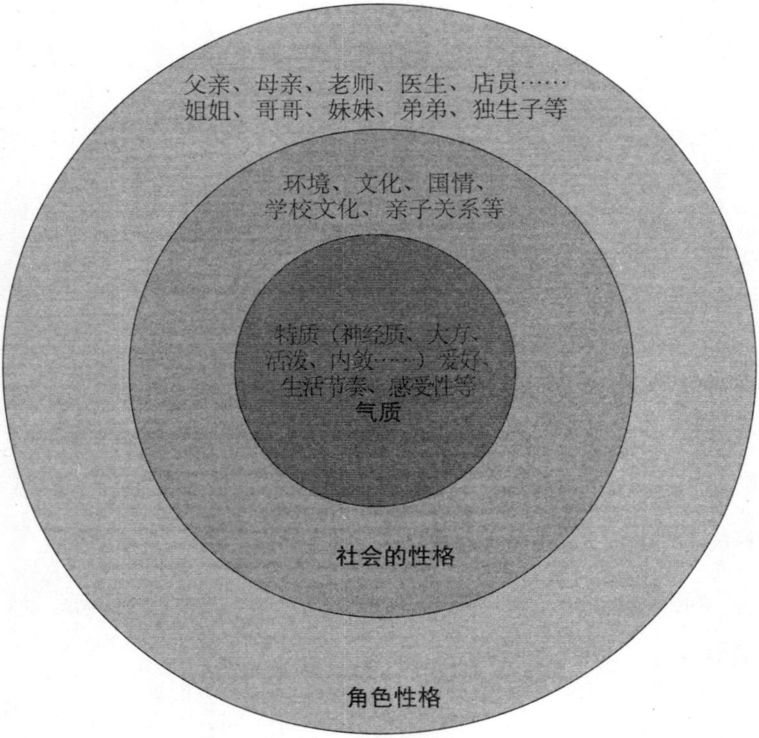
父亲、母亲、老师、医生、店员……
姐姐、哥哥、妹妹、弟弟、独生子等
环境、文化、国情、
学校文化、亲子关系等
特质（神经质、大方、
活泼、内敛……）爱好、
生活节奏、感受性等
气质
社会的性格
角色性格

图 1：性格构成同心圆

2 了解孩子的性格

大人眼里孩子的性格

同一种性格，可能会因为看待它的人立场和关系的不同，而展现出不同的模样。

也就是说，当妈妈判断孩子的性格时，她是站在亲子关系的立场上思考的。是否与自己育儿的初衷相符合，就是判断性格好坏的标准。

假设自己孩子的玩具被别的小孩抢走，而他却不发一言。你可能会生气：“怎么会这么窝囊！”但当朋友的孩子遇到了同样的情况，你却会说：“真是个能忍耐的好孩子！”发生在别人孩子身上的事情你就没当回事，轮到自己孩子时却很在意——这就是在亲子关系中判断孩子的性格。

根据时间、场合甚至对象的不同，一个人就会表现出性格的不同方面。但到了家长这里，反而经常轻易地对自己孩子下结论——“这孩子就这样”、“性格差劲”……

但是，家长要明白，判断孩子言行好与坏的人是你自己，是站在与自己相关的角度才得出的结论。一旦跳出这个限制，你会看到孩子性格的另一面。

因此，不要轻易认为“全都是孩子的错”。

看的角度不同，孩子的性格也不同

曾有人对妈妈们做过一份调查：“你希望孩子将来成长为怎样的人？”日本妈妈的答案就像是一个模子里刻出来的一样——“贴心的孩子”、“温柔的孩子”、“善解人意的孩子”这三条稳居前三。从大的方面来看，妈妈们的愿望算得上一致。

不管家里的孩子是小婴儿，还是幼儿，还是小学生，妈妈们的答案都大同小异，没有一个人对孩子的期待是特别与众不同的。可以看出来妈妈们对孩子并没有什么“非分之想”。

但是，从社会交往的层面上看，妈妈们所期待的也只不过是让他人觉得愉快的“好性格”而已。我更希望妈妈们能够从孩子个人的想法去规划他的性格：他想成为一个什么样的人，为了实现他自己的抱负需要具备怎样的品质，等等。

虽然孩子的性格中有缺点也有优点，但妈妈们往往只注意到一个方面。

假如妈妈认为自己孩子的性格差，那就容易忽视孩子表现好的一方面。例如觉得孩子不会社交，却从来没注意过他也有几个固定一起玩的朋友；认为孩子不喜欢读书，当别人表扬他“赛跑很棒”时，就容易随口说：“那又怎样……”

说到性格特点的时候，人们都倾向于用两个单词来描述。例如“开朗的性格”或者是“性格开朗”，“沉郁的性格”或者是“性格沉郁”。这种说法在日常对话中出现得很频繁。

这种说法往往会导致模式化的判断——“开朗的性格”会给人留下好印象，而“沉郁的性格”则招致负面评价，让人感觉难以相处而不愿与其交往。而且性格沉郁的人本身也会怀有自卑感，觉得自己性格不佳。

实际上，仅作为一种性格特征而言，它既有好的一面，也有不好的一面。光拿一方面作比较的话，就只会突出这个人性格中的某一个特点而已，那就陷入了看问题过于简单的窠臼。

让我们先说说开朗的性格都有哪些特点吧。

其中之一就是乐观。乐观的人不会整日忧心忡忡、闷闷不乐，但是容易想问题过于天真，缺乏充分的准备。一旦遇到最糟糕的状况，就不知该如何应对。乐观的性格还有一个特点就是积极。一般来讲，积极都是一个正面的词汇，但做过头了就是有勇无谋。此外，性格开朗的人也善于社交。这就意味着人脉广阔，身边不缺朋友，交往面很宽。但这样的形象也总会和八面玲珑、华而不实、金玉其外、哗众取宠等词语挂钩。

与此相对，沉郁的性格虽然往往给人负面的印象，但从其他角度来看，性格沉郁也不全是坏事。这种人看事情比较悲观，总会想象最差的结果。不过因此也会做好相应的准备，一旦事情真的恶化，届时不管撤退还是回避都游刃有余。而且，他的能量不发散

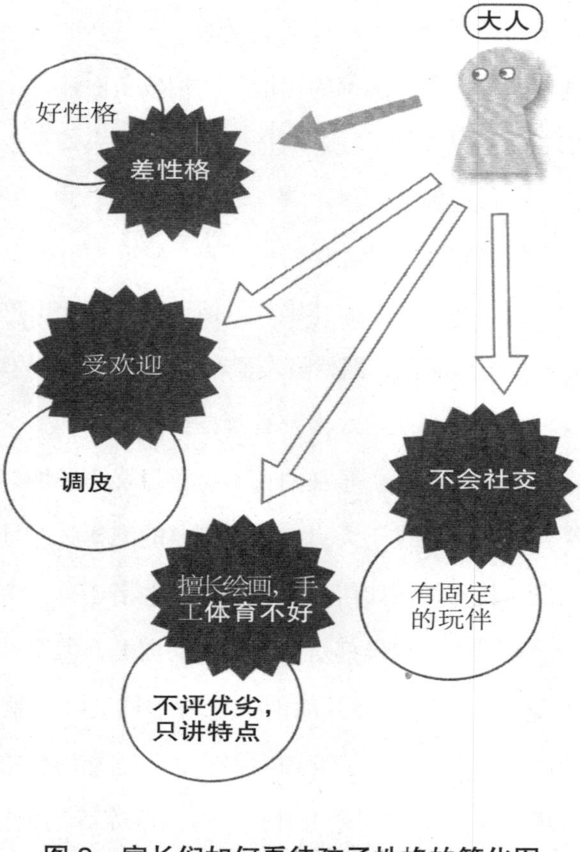

图 2：家长们如何看待孩子性格的简化图

于外，自然就会有更多的精力用来反躬自身，提升个人修养。

正如刚才我所分析的那样，不管哪类性格都有好的一面和坏的一面，这是显而易见的事情。所以开朗和沉郁并不是优劣的代名词，仅仅只是“个性上的差别”而已。

开朗和沉郁这两个词一旦被用来形容性格，它们的语义就已经超过了词汇本身，被人赋予了更多的内涵。

优点也会变成缺点，坏处也能成为好处

如图3所示，那些被公认为好的性格特征，倘若表现得过于突出，从另一个角度来看，就不是那么讨人喜欢了。例如“热情活泼”做过了头，就会让人觉得“容易兴奋、哗众取宠”，有“不冷静”的一面。

同样，大家都认为谦逊是一个绝对的性格优点，但是“过于为他人着想”，就会逐渐变得“无法自己来决定”、“不擅长判断”，最终形成“附和雷同”、“依赖他人”的性格。

正如前面提到的开朗性格和沉郁性格一样，某种性格特征也就是个性，是否会往好的方面发展，与如何培养它息息相关。培养得好，那这种个性中的好处就会占据绝对优势，在表面上集中体现出来；反之，坏处或弱点就暴露无遗。

不过话又说回来，像是“沉郁”这样一般并不为人所好的性格，妈妈们很难愿意去认真培养它。我希望妈妈们在遇到这种容易被简单判断成好还是坏的性格时，能够从正反两方面去

看待，多想一想“如果做过火了会怎样”、“与之相反的表现会是什么”。

毕竟即便是相同的性格，从好的方面看“坏处也能成为好处”，从坏的方面看“优点也会变成缺点”。

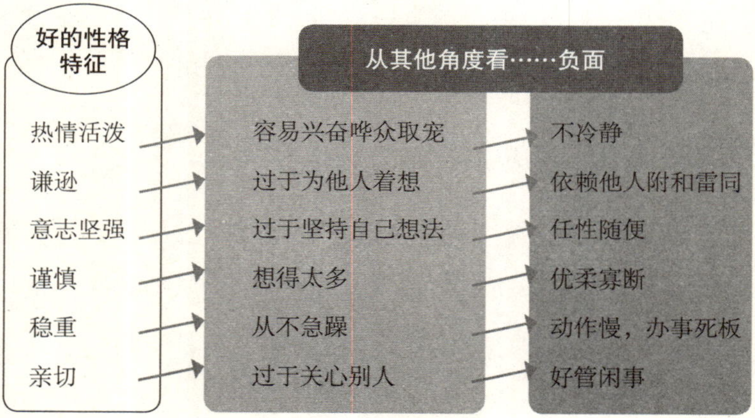

图 3：好的性格做过头了也会……

从多方面接受孩子的性格

看性格只看一面，是近代社会独有的特点。

强调效率和适应性的社会追求的是一切都明快简单，凡是与此相悖的都会被淘汰。性格也是如此。

例如提起适合制造的性格、适合经营的性格、适合销售的性格、适合精密作业的性格等说法，我们都习以为常，没觉得哪里不对劲。

这种分类是随着近代化国家和社会的进步而确立的。从事制造业的人只在工厂干活，做销售的人一直待在商店里面，人们所需要的技能是固定的。而在古时候，人们过着自给自足的生活，一切经济活动都局限在身边的小圈子里。自己做的东西自己负责卖，一个人必须身兼多重角色。因此个性丰富多彩也并不为奇。近代社会中的角色却经过了详细的分工，人的性格只需要适应某一种分工即可，因此性格也变得单纯而有目的性。

目标是固定的，自然与其相符的性格特征也是固定的，对于有需要的一方来说，这样便于管理；对于被需要的一方而言，也很容易知道自己到底适不适合这份工作。所以性格适合销售的人就会去商店上班，这样双方都能得到自己想要的东西，看起来完全没有问题。

我们生活在这样的社会里，不知不觉之间就把这种简单判定性格的方式习惯性地应用于个人生活中。但是亲子关系、朋友关系、恋人关系等私生活领域中的问题本身就很纠结复杂，不是一两句话就能说得清的。

为了便于理解复杂的关系，倒是可以把性格简单地分解成几个类别。但是有一点不能忘记——接下来要如何利用好它呢？虽然分类有助于理解其本质，但并不代表就能完全了解这种性格。希望大家不要认为知道性格被分解后的某一个特征就万事大吉了，我们需要在分别了解多方面特征的基础上，再把它们的特征组合在一起重新审视，这样才能明白这种性格到底具备什么样的特征和关联性。

通过这种分析方法，妈妈们就能够比较全面地去看待自己的孩子，自以为很了解的他，原来身上还有那么多你不知道的特点。

性格有多重判断标准

幼小的孩子完全信赖妈妈，妈妈也在他们身上寄予了各种期待和愿望。到了孩子三岁左右的时候，妈妈们几乎确信“只有自己才最懂孩子”、“这孩子就是这样的性格”。这种思维方式一旦固定下来，那就只看得到自己深信的那一面。但是要想把孩子的性格培养好，这种态度是万万要不得的。

妈妈只要对孩子持有了固定的看法，就倾向于把孩子往那个方向培养，只要孩子做出了与之相符的行为，妈妈就更加相信“这孩子就是这样的性格”。

比如说，妈妈觉得自己的孩子“很活泼”，他要是在赛跑中取得了第一名，妈妈就更认为这孩子是活泼型的。就渐渐忽视了自家孩子其实也会很温柔地读书给小朋友听。

有些孩子在自己家里和在幼儿园、学校里的表现是不一样的。妈妈所了解的只不过是他在家的一面罢了，却不知道他是如何跟父母以外的人打交道。

在家里，孩子可以随心所欲地玩耍，在幼儿园和学校却得适应固定的生活节奏和课程。而且在家也几乎接触不到同样年纪的小伙伴。

不管孩子在其他地方的形象如何，那也都是他性格的体现。所以妈妈们要全面地看待孩子的性格，这样才能更加深入地了解他。

3 亲子性格不同，亲子关系也会不一样

妈妈的性格类型

要想了解孩子的性格，首先要知道妈妈是什么性格。

我在前面就曾提到过，妈妈的性格决定了他将如何看待孩子。不同的妈妈对孩子的认可方式不同，甚至有时候优点也会被当成缺点对待。不要把这归结于是孩子自身的问题，妈妈们要把自己放在亲子关系之中来审视自我。

我会把妈妈的性格分成五个类型分别进行说明。在开头部分，我会把该类型妈妈的思考方式和行为特征做成一个小表格，有助于妈妈们迅速了解自己所属的类型。

○自由奔放型

□不注意细节

□以朋友的口吻同孩子交谈

□觉得改变旅行计划等很正常

□随心所欲地选择目的地和食物

就是所谓的“随便妈妈”。

总体上看还算可以，但在同孩子的接触中容易没有原则，总是根据当时当地的情况和心情随意地改变自己的看法。结果就会导致自己的孩子做起事来也不考虑后果。

对孩子而言，这样的妈妈无疑令他感到愉快，但是由于生活中缺乏预见性和约束感，孩子也会变成自由奔放型。就很有可能养成及时享乐不顾后果的生活作风，与他人不好相处，任性随便。

○调整型

□孩子至少有 5 人以上的玩伴

□尽量不干涉孩子正在做的事情

□吃饭穿衣等首先考虑孩子的意见

□很多人聚在一起的时候，一般扮演倾听者的角色

既跟孩子保持一定的距离，又能在他需要的时候挺身而出；不向孩子提出“你该如何如何”这种指示性的解决方案，而是遵从孩子的意见，履行引导的义务——这就是“调整型”妈妈的做法。她们不仅限于帮孩子处理难题，也能在兴趣爱好方面给予孩子适当的陪伴和指导。

这样的妈妈很善于把握孩子的心态，能在愉快的气氛中把孩子抚养长大。在确保孩子安全的基础上，让他们拥有一个

稳定的心理状态。

○被动型

□认为一切都应以孩子为重

□不管是买衣服还是点菜，都要询问别人的意见

□会认真听孩子讲话

□总被别人指使做这做那

这种类型的妈妈特别关注孩子的感受，无比尊重孩子的心情。虽说愿意理解孩子是个好事，但是作为妈妈来说若不擅长进行引导和做决定，则容易积累压力。

被动型的妈妈认为孩子的想法和心情比什么都重要，自己的一言一行都有可能给孩子带来“毁灭性”的影响，就会过度抑制身为妈妈该履行的职责。如果孩子生性活泼，那么这样的妈妈就只会追着孩子的屁股后面跑。

孩子是应该得到尊重，但倘若因此得不到家长的指导，那就会相对缺乏应付日常生活的经验。

○理想期待型

□如果事情不按预想中的那样发展，就会焦虑不安

□不管做什么都很在意周围人的看法

□经常把“快点儿”挂在嘴边

□如果没有完成目标，就觉得是不够努力

这种类型的妈妈通常对孩子抱持过高的期待，有时态度会过于严厉，逼着他们去努力，经常采取呵斥的方式给他们“打气”。总是不自觉地就拿自家孩子跟他的兄弟姐妹或者其他孩子作比较。如果孩子没有按照自己预想中那样行动，就会很没有耐心地不停催促他“快点儿”、“赶紧”……连妈妈自己都焦虑不安，落得一身疲惫。

这样的妈妈不擅长揣摩孩子的心思，觉得明明一切都是为了他们着想，结果不仅不感谢我们，有时还惹人生气，真是事与愿违。而且孩子倘若长期处于高度的紧张之中，就容易出现抽搐、痉挛等神经质症状。此外，孩子的主观能动性总是遭到否定的话，渐渐就只会唯命是从，丧失判断能力。

神经质症状：无意识地重复某种动作，比如不停地眨眼睛。

○投资型

□不愿意做无意义的事情

□不管发生什么，都喜欢追根究底

□不擅长用儿童的口吻跟孩子对话

□认为一切都有“正确答案”

这种类型的妈妈把育儿当成是一种投资，追求效率第一，在感情处理方面也非常理性，不免给人冷酷之感。因为有自己的一套“正确”育儿理论，所以很少被孩子的情绪所左右。不过这样的妈妈有一个非常明显的缺点——她所掌握的育儿技能只是为了达成某种目的，反而容易忽视育儿的大局。妈妈为了让孩子完成某个非常困难的任务而竭尽全力，结果一些基础的东西却没有让他掌握。

其实育儿就是普通生活情景的一再重复，重要的是能在重复中让孩子养成某些好的习惯。

孩子的性格类型

我把孩子的性格分成了四种主要类型。跟妈妈的性格测评形式相同，也是分别列出了一些特征作为判断的参考。这并不是给孩子打分论高低，所以请妈妈们不要过于严肃，无论长处还是短处都要平心而论。

有的孩子可能不属于其中任何一种类型，可能是两三种类型的混合体。特别是年纪尚小的孩子，他们总是处在不停的成长变化之中。所以希望妈妈们不要因为一时测出来的结果就断定“我家孩子就是这样”，而要根据实际情况，不断修正自己的看法。

○自我型

□喜欢的事情总是做起来没够，不管花多长时间都

不会厌烦

□总是喜欢玩同一种游戏

□顽固，认死理

□不认同的事情根本不会去做

这样的孩子从不为周围的环境所动，一心只沉浸在自己的世界里。

对于感兴趣的事情，他能做到无所不知；而对于不感兴趣或者讨厌的东西，他一点都不关心。有时候连妈妈说的话也能当耳旁风。就算是遇到不得不做的事情，只要自己不认同，就绝不参与。

比起跟很多人一起玩这玩那，他更倾向于跟几个合得来的朋友保持长期而稳定的友谊。

○谨慎·神经质型

□特别讨厌失败

□不愿尝试没做过的事情

□总是按照固定的顺序做事

□开不起玩笑

在生活中不仅要“摸着石头过河”，有时甚至是“过了一半又返回”或者“摸着石头也不过河”——就谨慎到这种程度。

这种类型的孩子特点就是神经质且认死理，对于没做过的事情，没去过的地方，总是抱持强烈的不安感，不停地问自己“能做好吗”、“做得到吗”。

他们在采取行动之前会花很长的时间思考，因此很少做错事，让妈妈很放心。只不过有时过于完美主义，在妈妈看来已经做得很不错的事情，孩子心里还是认为“没有做好”，总怀有强烈的缺憾感。

○社交预备型

□什么都想亲自尝试

□经常成为众多朋友的中心

□特别讨厌别人干涉自己

□即便被不认识的人搭话也能自如应答

这样的孩子无论跟谁都能毫不畏惧地、积极地交流，性格非常开朗。

在他小的时候，这种性格被认为是一种领袖气质，很受朋友们和老师的信赖。但是到了五岁以后，就容易变得好管闲事，有时反倒遭人嫌。即便本人是出于好心和正义，但爱替人作主的毛病可不讨人喜欢。如果做过了头，朋友就会越来越少。

在这种情况下，妈妈需要经常提醒他“可能 ×× 小朋友是这样想的”，让孩子慢慢学会体察他人的情绪和心意。

〇自作主张型

□想到的事情没有做到就觉得不甘心

□总是干涉朋友的事情，容易引起争执

□能马上选出来自己喜欢的东西

□爱憎分明

这样的孩子总是把自己想做的事情摆在第一位，因此，虽然与能理解自己想法的大人相处得很好，但是容易和同龄的孩子发生争执。

因为他们总是优先考虑自己的感受，就很难注意到对方的想法，所以当不能用语言很好表达意见的时候，他们就会直接动手干涉。也经常为此遭到大人的训斥。

有的妈妈为了避免发生争执，总让孩子一味忍耐，反而会取得相反的效果。只有满足了他的意愿后，他才有工夫去琢磨别人的心思，所以条件允许的话，妈妈还是要尽量实现孩子的愿望。

妈妈与孩子的性格组合

性格绝对没有简单的好坏之别。通过与别人的接触，性格中“好”的一面和“坏”的一面都会表现出来。拿亲子关系来说，同一个孩子在不同性格的妈妈眼里可能既是“好孩子”又是“坏孩子”。

看完前面的分析之后，妈妈们也就大概知道了自己偏向于哪种性格。接下来就要把自己和孩子的性格放在一起进行考察，好好想想双方目前属于什么状况，又该如何据此修正孩子的性格。

我用表格的方式把不同的亲子性格组合应该注意的要点列举出来，请看图 4。

		孩子			
		自我型	谨慎·神经质型	社交预备型	自作主张型
家长	自由奔放型	·适当的距离感 ·亲子双方都有可能会给周围的人造成困扰	·为人宽厚的家长能给孩子勇气 ·容易造成孩子高度紧张，畏首畏尾	·适当的距离感 ·过于放任的话容易引起他人议论	·适当的距离感 ·难以顾及他人的感受
	调整型	·以孩子为中心，让他自由成长 ·需要锻炼自我控制能力，例如遵守约定	·孩子的内心很安稳 ·不容易培养自我表现能力	·以孩子为中心，让他自由成长 ·需要关注孩子的内心世界	·以孩子为中心，让他自由成长 ·过于放任孩子则出问题
	被动型	·不否定孩子，以孩子为主体，家长以看护为主 ·家长注意不要被孩子牵着鼻子走	·双方关系稳定 ·不容易培养主观能动性和判断力	·不否定孩子，以孩子为主体，家长以看护为主 ·不要让孩子觉得家长好“欺负”	·不否定孩子，以孩子为主体，家长以看护为主 ·家长注意不要被孩子牵着鼻子走
	理性期待型	·家长和孩子的想法若是一致的话，相处就很融洽 ·家长的期待可能会落空	·孩子能踏实地走在家长铺好的路上 ·容易造成孩子习惯等待指示或者没有精神	·家长和孩子的想法若是一致的话，相处就很融洽 ·容易勉强他去做一个“好孩子”	·家长和孩子的想法若是一致的话，相处就很融洽 ·强加给孩子的形象会成为家长与孩子矛盾的根源
	投资型	·有助于发挥孩子的特长 ·强迫可能会导致逆反	·选对了符合孩子个性的教育方式能够培养他的自信 ·孩子如果不能很好地完成家长设计的路线，易造成畏缩不前	·采用与孩子成长方式相符的教育模式就没问题 ·不要勉强他做个“小大人”	·采用与孩子成长方式相符的教育模式就没问题 ·如果家长的意愿与孩子所想的不符，孩子会觉得很委屈

图4：亲子性格组合的不同特点

4 兄弟姐妹的不同性格

“育儿就是在育父母”，就像这句话说的那样，自己当上妈妈之后，在琢磨该如何教育孩子的时候，往往以自己被培养长大的记忆为蓝本。当时妈妈做了什么让自己高兴的事情，开心的事情，自然而然也想对自己的孩子这样做。

反过来说，如果回忆往事，想到了妈妈做过的让自己讨厌的事、说过的伤心的话，就会提醒自己不要再这样对待孩子。那些不愉快的经验也会被活用在育儿中。

就这样，妈妈们总是以自己的童年记忆为基础来决定让孩子做这个，或者成为那个，在实践中不断积累做父母的经验。

特别是生育第一个孩子的时候，妈妈总是会不停地遇到未知的挑战。

没有哪个妈妈从一开始就能做到完美，大家都是在育儿的过程中不断成长。根据孩子的年龄和出生顺序的不同，妈妈对他们的教育方式也不一样。到底哪里不一样，又会对孩子的性格产生怎样的影响呢?

不断成长中的家长

为什么说孩子出生的顺序不同性格就会不同，其中一个重要的原因就是家长自身的条件发生了变化。

总是会听到“明明是同一个妈妈所生，却如何如何”这样的说法。养第一个孩子和养第二个孩子的妈妈都是同样的人，但是作为妈妈而言，在这两个阶段中自身的条件却是不一样的。在养育第一个孩子的过程中妈妈积累了经验，在第二个孩子出生时，心境就发生了变化。不管在育儿的技巧还是育儿的期望方面，明显具备了更加丰富的知识。

养育第一个孩子的过程，也是妈妈成长的过程。有了孩子，自己成为了妈妈，就在以下几方面上有了更加深刻的认识:灵活性、自我抑制、开阔视野、自身的强大和生活的意义等。这些都成为了人格升华的契机。

再加上掌握的育儿经验和知识作为辅助，在养育第二个孩子的时候，即便是培养目标相同，在做法上也会有所调整。这就是兄弟姐妹之间产生性格差异的原因之一。

家庭赋予的角色性格

那么，出生顺序又对妈妈的育儿方式产生怎样的影响呢？

对妈妈而言，在第一个孩子降生时，内心总是充满不安。

于是会更加慎重、耐心地对待，希望做到完美。倾注全部爱心和关怀的同时，很容易提心吊胆，比起在一边守护孩子，更倾向于直接教他做这做那，动不动就干涉他的行为。

第二个孩子出生后，由于已经有了育儿的经验，妈妈就会注意修正原先没做好的地方，具有更多的“灵活性”。而且身为家长有了更多自信，自然放宽了对孩子的限制，更容易理解孩子的一些做法。

此外，因为妈妈对男孩和女孩的期待不同，所以培养的方式也不同。妈妈脑海里关于“男孩样儿”和“女孩样儿”的印象是来源于社会上的广泛看法。

出生顺序造成的家庭内的角色性格、性别差异造成的社会性格，再加上与生俱来的气质，这些因素共同作用相互影响的结果就是一个人的完整性格。

长子（最先出生的孩子）

在弟弟妹妹出生之前，长子一直享受“独生子”的待遇，无论在时间上还是精神上，父母对他付出总是最多。而且，不管下面还有几个弟弟妹妹，在妈妈的育儿体验中，第一个经受独自上厕所、去幼儿园或学校等训练的也都是长子。因此，妈妈总是在长子身上施加过多的指示、教导，总是把自己认为好的东西或者做事方式强加给他。也就是说，妈妈对长子的控制欲更强。这就造成了长子性格一般都是偏于谨慎，容易体察身边的气氛。如果长子天生理解力强又不善表露自身想法，他长大后，可能会过于“懂事”，反而让人担心。

也有的孩子把父母对自己的各式各样期待当成自己的目标和追求。

这样的孩子既活泼又听话，是做什么事都不会出格的“乖宝宝”。为了成为父母眼里的“好孩子”，他们非常努力，有时甚至不惜去“扮演”一个好孩子。

从大人的角度来看，这样的孩子“听话”、“老实”，实在是无可挑剔。为了获得这些赞扬，即便是自己最想玩的玩具，如果别人想要，他也会说：“好的，给你玩。”其实完全没有必要这样勉强自己，没有必要压抑自己的想法。长此以往的话，真是让人不得不担心。

在妈妈强大的控制力面前，孩子学会了自我管理，即使遇到不喜欢的事情也能抑制住自己的感受，有时也会勉强自己去满足家长的意愿。我认为，长子应该多坚持自己的想法，哪怕是与妈妈心中“理想的形象”有所偏离也没有关系。

末子（最后出生的孩子）

不管长到多少岁，在家庭里老小永远都是老小，所以总是被当成小孩对待。可能会因此少受训斥，但总被当成小孩看也不是什么好事。倘若很自然地接受了这样的状态，就容易变得“任性”，习惯“依赖”、“撒娇”。

长子
中间子
末子
独生子

此外，即便家人是出于无心，但总在不知不觉之中，老小就变成了被众人取笑的对象。因为年纪小，总有些事情做不好，虽然很可爱，也会招人发笑。孩子年纪小的时候，可能不会在意那些嘲笑和愚弄；但他长大了明白事理后，这些玩笑话就会对他的自尊心造成伤害。

到那个时候，如果还是随口表扬他“真厉害”、“真懂事”，反倒会起到反效果。在孩子听来，那根本就不是表扬，而是没把他当回事的表现，在大人眼里他还是个“小傻瓜”罢了。

在这种情况下，孩子很容易变得不知所措，要么就是突然开始胡搅蛮缠。对周围的人乱发脾气；要么就是战战兢兢，唯唯诺诺。

有些人甚至同时具备了这两种性格：在娇惯着自己的亲人面前，表现出依赖和任性的一面；在外人面前则是小心翼翼，尽量躲在人们身后，不引起注意。

次子（中间出生的孩子）

中间出生的孩子，在哥哥姐姐眼里是弟弟妹妹，在弟弟妹妹眼里又是哥哥姐姐。

根据具体情况的不同，他们有时被当作老大看待，有时又被当作老幺呵护，所以可能兼备两者的性格。

看到长子受到批评的时候，次子就会考虑该如何做才不会遭到同样的斥责，懂得该如何避免和妈妈正面交锋。而且还习惯以长子为榜样，总是跟在长子后面，从这些像指南针和领航员的人身上获得安心感。这样他们就有功夫把精力集中在自己的事情上面。

次子的这种生活智慧使他能迅速适应幼儿园和学校的生活，不惹麻烦，因此就不会引起妈妈的过度“关心”，从而获得更加宽松自由的成长空间。

所以次子的性格一般都很独立和自由。

独生子

独生子的情况与长子很相似，不过因为没有弟弟妹妹，所以父母的爱一直都倾注在他一个人身上。

因为一个孩子长期要应付数个大人，所以一方面独生子善于同大人们打交道；另一方面他的某些“小大人”式的言行和表现会给人“狂妄”的感觉。而且，由于缺乏和其他孩子交往乃至争执的经验，独生子在调整人际关系方面显得相对薄弱。他们总是被贴上“撒娇鬼”、“自我”、“任性”之类的标签，但从另一方面来说，独生子大方、感情丰富，对自我有更加清醒的认识。

独生子在儿童期时，一般都是被当成父母争吵中的缓冲地带。独生子才会有的家庭责任之一就是需要顾及父母双方的感受。

单亲家庭里的孩子

因为离婚或者丧偶导致孩子生活在单亲家庭之中。在这种情况下，孩子除了要承担身为人子的角色，有时还要充当的倾诉对象。

身处儿童斯的孩子，虽然不可能听懂妈妈的倾诉，也不可能给他们中肯的建议，但是妈妈期待的也不过就是在自己犹豫不决的时候，孩子能够听听她们的想法而已。

对孩子而言，他们希望能早日帮到妈妈，所以在精神上成熟较快，一般会给人“小大人”、“现实”、“可靠”的印象，在同龄人当中也是可以信赖的对象。

大人们也都喜欢这样的性格，但是单亲家庭中长大的孩子不善于像普通孩子那样撒娇或者把脆弱的情绪暴露给别人。因此希望妈妈不要太勉强他们，偶尔要给他们一些恢复成普通孩子的空间。

老人带大的孩子

有些家庭是三代同堂，跟着老人长大的孩子往往会具备“体贴”、“善解人意”以及“会撒娇”之类的角色性格。

对孩子而言，三代同堂的情况意味着除了父母之外，他们还要跟上一辈的人共同生活。老人们生活的时代背景与现在相比有很大的差别，成长环境和价值观也不一样。因此，孩子能从老一辈的人身上得到更多的建议，学会用多种角度看待问题，心思也会变得更加细腻。而且，老人们上了年纪，不管是立、坐还是走等日常生活行为都有很多不便。孩子们会注意到这些，知道跟老人要慢慢地、大声地说话，在态度和行为上会主动去配合他们。看到外人遇到困难时，他们一般也会主动伸出援助之手。

这样的孩子之所以能温柔地对待他人，想必是与代替忙碌的妈妈去陪伴老人的经验分不开。

本章中所列举的性格类型都是很典型的例子，并非适合所有人的情况。因为性格本身就是非常复杂的一个概念，其形成受到了多方面的影响。

不过构成性格的要素已经基本包含在这些例子里，希望家长们能因此受到启发，把这些知识灵活地运用到育儿之中，让亲子关系更加和谐融洽。

第三章

这样的性格该如何处理？

1 孩子的性格令人担忧，该如何是好？

导致性格令人担忧的三个要素

有时候孩子表现出的性格很令妈妈担忧，我把导致这种问题产生的原因分成以下三种类型。

分别是“大人的自以为是”、“育儿过程中不恰当的处理方式”以及“孩子天生的个性”。

第一种“大人的自以为是”指的就是大人给孩子设定的“条条框框”有误。有的妈妈无视孩子的年龄和成长状况，要求他表现出高度社会性的态度或做出相应的行为。孩子做不到的话，就会认为他的性格“有问题”。例如三岁的孩子因为争抢玩具跟小朋友吵架，结果把自己给弄哭了。有的妈妈就会抱怨：“我家的孩子是个爱哭虫，不会好好跟人讲道理，就知道任性。”这就是自以为是的典型表现。

在这种情况下，比起研究孩子的性格究竟有什么不好，不如说家长对孩子的期待脱离了现实，这才是导致孩子性格“问题”的最大原因。孩子的理解力和表现力取决于其心智发达程度和生活经验，只要对孩子的了解足够深，就知道这根本不是性格上的问题。就像刚才举的三岁孩子的例子，在他那个年龄，要求他能够很好地控制感情并有条理地用语言表达自己的感受，实在是勉为其难。妈妈要明白，这种能力需要在横跨幼儿期后期和学童期的漫长时间里逐渐培养出来，不能一蹴而就，目前还用不着“发愁”孩子的性格。

所谓的“育儿过程中不恰当的处理方式”则是指当遭遇下一个孩子出生、家人的死别、离婚、搬家、住院、失业等情况时，父母处理不当，没给孩子提供一个良好的成长环境。因此，孩子的内心就很不踏实，情绪和行为都容易失控。这种情况下比较容易发现造成孩子性格变化的原因，应该针对这个原因而采取一些安慰和鼓励孩子的举动。

至于第三个原因——孩子天生的个性，则是本书所要探讨的中心话题。

通过前面几章的分析，我们已经了解到性格是在人际交往中形成并表现出来的。那么，我们就把目光聚集在那些“令人担忧”的性格特征上。

首先，我把那些“令人担忧”的性格罗列出来，然后彻底分析为什么会“令人担忧”，最后立足于妈妈最关心的“该怎么处理”方面，帮妈妈们确立今后的“目标”。

通过这个分析流程，想必在更加理解孩子性格的同时，家长们也能注意到自己在育儿方面的不当之处。只要能做到这一点，就会自然而然地领悟到最合适的应对方法。

接下来我就对每个步骤进行详细的解说。

罗列出“问题性格”

虽然都称为“问题性格”，但是年龄不同就会有不同的表现方式，起因也多种多样。让妈妈忧心的性格也有很多种，只要能想到的，就应该都写下来。

我认为可以作为“问题性格”列出来的表现，主要分成以下四个方面：

· 与行为有关

· 与人际关系有关

· 与控制情绪和表达要求有关

· 与感觉或知觉有关

下面我分别列举出了与各项对应的具体表现，妈妈们可以根据自己孩子的特点来分析他到底属于哪一种。

★与行为有关

○令人担忧的性格·表现

坐不住、爱磨蹭、容易慌张、我行我素、粗暴、消极、优柔寡断、容易放弃、笨手笨脚、自己的事情自己不做、不干脆、不坚强、柔弱、不懂事等

让家长困惑、担忧的表现大部分都是与孩子的反

应速度有关。

当孩子沉浸在思考之中，迟迟不下决心或者是花费的时间比一般人多时，家长就认为他优柔寡断、不干脆或者我行我素。相反，如果孩子没经过深思熟虑马上就采取行动，则会被贴上坐不住、容易慌张、爱放弃和粗野之类的标签。

★与人际关系有关

○令人担忧的性格・表现

话多、内向、爱找麻烦、不主动、说谎、糊弄、不听话、不遵守规则、畏首畏尾、老害羞、欺负人或被人欺负、不体贴等

根据交往对象和现场情况的不同，孩子会有很多种表现方式。也就是说，正是交往的对象决定了自己的性格。

如果和他人之间的交往不畅，孩子很有可能对朋友唯命是从。

★与控制情绪和表达要求有关

○令人担忧的性格・表现

爱撒娇、依赖人、爱哭、独占欲强、任性、讨厌失败、容易厌烦、反抗、不诚实、顽固、脾气暴躁、没

有忍耐力、没骨气、不遵守约定、自我表现欲强、自卑等

自我表现力和自我抑制力与年龄大小有关，总体来说都属于自我控制力的范畴。

爱撒娇、依赖人、爱哭和任性等是自我表现力强的证明，而容易厌烦、反抗、没有忍耐力则是自我抑制力弱的表现。

★与感觉·知觉有关

○令人担忧的性格·表现

注意力不集中、缺乏关注力、顽固、神经过敏、爱挑剔、胆小、怯懦、神经质、偏食、好恶分明等

所有性格的基础——人天生具备的气质，是一种非常明显的特征。也就是说，孩子天生就有的性格特征会在后天的环境和教育方式下变得更加突出，非常难改变。

孩子对周围的声音和事情过分敏感就会导致无法把注意力集中在自己该做的事情上面。

为什么会感到担忧——寻找令人焦虑的原因

为什么妈妈会为孩子的言行或者性格感到担忧、焦虑不安呢?只有了解产生烦恼的原因，才是解决烦恼最快的途径。令妈妈产生焦虑的原因有很多种，主要可以归为以下几种类型:

○希望他成为一个好孩子

每一个妈妈都强烈希望自己能把孩子教育成一个“好孩子”。但实际情况却总是和理想中的模样有差距——孩子性格柔弱、不听话、不诚实等……一旦有过几次这样的表现，自然就会招致妈妈的怒火和责骂。

其实令妈妈焦躁的原因并不在孩子的行为本身，而在于孩子的表现与妈妈的设想不一样。应该改变的不是孩子，而是妈妈的思维定式。明白了这些，接下来该怎么做，想必已经心中有数。

○和别的孩子比较

妈妈对孩子的很多不满都是因为动不动就拿自己孩子跟别人进行比较而造成的。例如，总觉得他做事磨磨蹭蹭，是因为身边有一个做事很利索的兄弟；游泳课上怎么都升不了级，是因为他的朋友总是超前一步……

在解决烦恼之前，妈妈应该先弄明白到底是因为孩子的行为本身而烦恼，还是只因为跟别人做了对比才烦恼。

○对性格抱有成见

想必有不少妈妈从平日的育儿经验出发，得出过“我家孩子就这样”的结论。例如妈妈一旦觉得孩子“畏首畏尾”，即便怕羞的他鼓起勇气跟陌生人打了招呼，妈妈也只会觉得“我就知道那孩子声音肯定小”，而不是去赞赏他的勇气。

只要对人或者对物抱有成见，就会不自觉地去强化那方面的印象，而忽视了其他方面。希望妈妈们能够抛弃既往的看法，试着用中立的目光重新审视孩子的表现。

○孩子跟自己相似

如果孩子画画或者拼图玩到一半突然不玩了，那他肯定是有自己的理由。但是有些妈妈就会很焦虑地责问孩子:“为什么轻易就放弃了？”巧合的是，这些妈妈中的绝大部分人都有“三天打鱼两天晒网”的毛病。她们从这些让人“头疼”的孩子身上，多半能看到自己或者丈夫的缺点。注意到亲子都有同样的毛病之后，她们自然觉得不安。

只要你看到别人家的孩子也做出同样的举动，既不感到生气也不焦虑，那就很好地证明了我上面的分析。这时候，就得想法去改正自己还有身边人的缺点了。

○精神总是处于紧张状态

估计很多母亲都有过如下的体验：本想安安生生好好过一天，结果不是冲孩子大吼大叫，就是直接开揍，要么就是唠唠叨叨没完没了……其实并不是孩子的性格或者行为真的有什么问题，而是由于妈妈的精神或时间

很紧张才导致出现这种状况。

倘若要求妈妈们一直心平气和地跟孩子沟通，总是体谅他们的心情和节奏可能有点困难，但是一想到孩子并非故意惹人生气，可能也会轻松不少吧。

可能一开始，我们的关注点是在如何解决孩子的性格问题，但不知从何时起，却转到了分析育儿态度、夫妻关系、亲戚关系、职场的人际关系这些背景因素上面；抑或是成为了该如何正确看待孩子成长的契机；这也是给妈妈们一个锻炼自我、探求人生价值的机会。

想做什么？定好目标！

我收到过各式各样的育儿咨询，把它们归纳整理起来，大致能分成以下几种类型：

一是，“自己觉得没什么，但周围的人总是提出各种各样的意见”，这样的家长，是想找人肯定自己的育儿方法；

二是，“孩子总是惹出来各种各样的麻烦，我觉得很头疼，希望能有人来阻止他”，这样的妈妈，总是想依靠外界的力量来帮他解决问题；

三是，“孩子做了这样那样的事情，需要注意吗”或者“这种时候妈妈该怎么办才好”，这样的妈妈，是来寻求大众化的指导。

也有的妈妈非要打破砂锅问到底，连细节都斤斤计较；也有的妈妈追求能立刻见效的解决方案。

育儿的方式多种多样，有时正确的答案不止一个。如果没有明确的目标，就很容易陷入盲目焦灼的状态，事倍功半。

有些问题无法立刻解决，或者说，根本就没有什么答案。有时候仅仅陪在孩子身边什么也不做，就足够了。在左思右想中度过的日日夜夜里，原本在意的事情渐渐变得稀松平常，以前觉得是问题的问题，也已经不成问题。

育儿时间和亲子关系这两条轴线，不仅能影响妈妈的性格，也关系到孩子性格的养成。最重要的就是妈妈要时刻问自己“到底在期待什么”，这将成为解决问题的强大力量。

处在变化中的育儿和生活环境

在研究孩子性格的同时，有一点不得不关注——那就是现代的育儿方式和生活环境的变化。

早在数十年之前，人们已经意识到家庭中某些基本的生活习惯正在慢慢被遗忘。例如说三十年前，就有评论提到孩子们已经不会正确地拿筷子和铅笔了，还有的孩子连包袱皮和鞋带都不会系。而这些孩子现在已经为人父母。

因为从小没做过这样的事，妈妈自己都不会用小刀削铅笔或者拧抹布，当然不能指望这些基本的生活技能还能在如今的孩子身上重现。但无法忽视的是，由于缺乏相应的锻炼，这些生活技能的缺失很有可能影响到孩子身心的发展和自律神经的培养。那些身体和精神都很脆弱的孩子，就是活生生的例子。

不过也有保持不变的地方——即使是到了现代，孩子也是在以家庭为中心的区域内成长起来的。

在和邻里接触密切、家里也有好几代人共同生活的情况下，不管是家里家外，都有很多双眼睛在关注着孩子的成长，所以说孩子是在“以家庭为中心的区域”内养大的。也是老生常谈了，特别是居住在城市里的家长，更难做到用客观全面的角度去看待孩子。

最近人们也开始在塑造和谐的亲子关系上花心思，有很多区域内都建造了适合亲子同乐的设施。希望妈妈们能多去利用。此外不时来自祖父母、亲戚、朋友和老师的各种评价，也是育儿的重要参考。只有尝试用客观的角度去看待孩子，才能让自己从压力和偏见中解放出来。

总而言之，最重要的就是妈妈要时刻意识到，不要让育儿方式在不知不觉中陷入一成不变的泥潭。

2 让期望中的性格变得更好

在育儿的过程中，可能会遇到这样的情形——无意中与孩子的目光相对，从他眼神中透露出来的温柔情感，令你忍不住想一把抱住他。

除此之外，还有孩子脸上真诚的笑容、努力的神情和饱含感情的语言等，都能让妈妈为之感动：原来他是一个这么可爱的孩子！即便是最挑剔的妈妈，想必也按捺不住对孩子的喜爱之情，觉得自己的孩子是个活泼可爱、诚实淳朴的小宝贝。所有的妈妈都想把孩子培养成值得骄傲的、拥有理想性格的人。

但在实际生活中，育儿并非一帆风顺。妈妈们总会遇到各种各样让人尴尬、生气或是迷惑的事情。

但是世界上没有哪一种育儿方法是适合任何地方、任何人的。想把孩子的性格培养成人见人爱型，需要经过种种分析考虑和实践，才能找到最适合自己孩子的方法。

话虽如此，究竟什么样的性格才叫“人见人爱”呢？与

“令人担忧的性格”一样，也可以按照以下四个方面的顺序来举例说明：

· 与行为有关
· 与人际关系有关
· 与控制情绪和表达要求有关
· 与感觉或知觉有关

★与行为有关

稳重、开朗、爱整洁、严谨、耐心、记忆力好等

★与人际关系有关

爽朗、温柔、贴心、热心肠、认真、有趣、公正、爱帮忙等

★与控制情绪和表达要求有关

积极、坦诚、自立、有毅力、有骨气、坚强、能忍耐、富于挑战精神、遵守约定、努力等

★与感觉或知觉有关

注意力集中、敏感、细心等

了解到这些性格上的优点之后，又该如何将它们发扬光大呢？接下来我就讲一下具体的方法。

与其改变性格，不如发展个性

所谓育儿，并不是按照妈妈的意愿去改造孩子，而是一

肥料

个发掘并引导孩子个性发展的过程。

而且，育儿也不是一件把“无”变成“有”的工作，而是承认现有的一切，以扬长避短为目标的工作。

一个孩子的个性，就是他独有的东西。妈妈们不要把这些个性简单归结为“天生就那样”，而硬要把它“修剪”成自己喜欢的模样，而是要顺势而为，让孩子的个性发扬光大。

从这一点出发，亲子关系就不能采用家长居上、孩子在下，自上而下的专制统治模式；而是应该自下而上由家长来引导孩子个性的发展，给他创造一个易于成长的环境，并提供必要的支持和帮助。

个性应该从孩子性格中好的方面（优点）和他的爱好开始培养。想必每个孩子都有为之着迷的东西。在妈妈看来，那些东西可能非常幼稚、孩子气，但是孩子却怎么都玩不腻。希望妈妈能够站在孩子的角度，尝试去体会他们热衷于某件事物时的情感。

无论在何时，都要好好珍惜孩子“天生的”个性；无论在什么情况下，都要在不损害孩子天性的前提下与他们交往。即使确实是为了孩子考虑，也不要强行去改变他们的天性，而是要以孩子为主体，因势利导，让他们自己去想、去判断、去行动。

当然，为了达成这个目标，不可或缺的就是孩子对妈妈的“信赖感”和“安全感”。

有助于养成好性格的“咒语”

为了把孩子的性格往好的方面培养，与其总是叫他该做什么，不如在他采取正确的行动或者展现出良好性格的时候，直接告诉他身为家长的感受。这样才是最好的方式。可以采用以下的句式来表达内心的想法。

“×× 真开心啊，妈妈也很高兴哦！”

“×× 真努力，妈妈也要加油！”

只有把自己的所思所想清楚地说出来，才能真正进入孩子的内心。

高兴、悲伤、厌恶、惊讶等感情是看不见摸不着的，特别是对尚处于婴幼儿时期的孩子而言，更需要妈妈重复用语言耐心地把自己的感受告诉他。

当然，妈妈看重的价值观，也需要通过语言传达给孩子。

与此相对，妈妈所厌恶的事情，也就是与价值观相悖的事情，即便通过训斥的方式表达出来也没有关系。可以用“家法”的形式让孩子认识到什么该做，什么不该做——当然，一定要说清立下这些规则的原因。

在必要的时候，妈妈果断地批评孩子是非常“有范儿”的。因此，更要在此之前，让孩子清楚地知道为什么会批评他。

妈妈的这些想法都可以通过日常生活中跟孩子的对话以及关爱的行为中表现出来。妈妈的身体力行也会给孩子立下好榜样。

接下来，我要举几个例子来说明什么是不恰当的说话方式。

表达出的意思与真心相反

妈妈们经常会把“快点儿”、“等会儿”这样的话挂在嘴边。其实也没有多么深刻的含义，只是习惯随口这么一说。

下面我要讲的就是关于这两句口头禅的事情。有一个名叫 M 的小朋友，正是上幼儿园的年纪。

每天早上都是和妈妈一起进入幼儿园，把小书包塞到自己的储物柜里，接着再把牙刷和毛巾放在指定的位置。然后跟妈妈拥抱一下，对她说：“妈妈再见！记得晚上来接我哦！”

有一天，小 M 突然问妈妈：“为什么你总是在很生气地催我快点儿快点儿呀？”

妈妈很惊讶——原来你一直以为我在生气？

对于要去上班的妈妈来说，早晨的每一分每一秒都是极其宝贵的。一看到孩子慢吞吞地准备东西或者悠悠闲闲跟人搭话的样子就着急。可是又担心一旦发火，很可能把孩子给惹哭，或者导致他更加磨蹭，所以就像念咒语一样，不停地说：“快点儿！快点儿！”以此来催促孩子。但是在小 M 听来，那就是妈妈生气的表现。

妈妈只好小心翼翼地回答：“我并没有生气呀。只是有些着急罢了。”

自从发生这样的对话以后，妈妈就有意识地避免对孩子说“快点儿快点儿”，但几天之后，还是不小心脱口而出。这时候小 M 把毛巾搭好后，却扭过头来微笑着说：“我知道妈妈没有生气呀。你只是着急了，对吗？”

语言表达的方式错了

已经到了幼儿园放学的时间，大家都回到教室里做好准备。但五岁的小 K 还留在大门口，独自一个人抱着绘本生闷气。问他为什么不回去，他答道：“老师明明跟我约好待会儿就给我读绘本的，但是到现在也没有来。”

听到这些，老师非常惊讶。白天的时候，老师估摸着快到收拾东西的时间了，就准备让孩子们停止游戏。正好这时小 K 拿着绘本过来，想让老师给他读一读。正准备答复他，有个孩子跑过来说：“××摔倒了！”老师就急急忙忙回答小 K：“待会儿给你读啊！”说完就匆匆跑去出事的地方了。可能这句“待会儿”只是随口应付，到了收拾东西的时间，老师已经把这事忘得干干净净了。

即使是当时没有人去叫，老师也没有足够的时间给小 K 读绘本。但是对小 K 来说，老师说出“待会儿给你读”这句话的一瞬间，就已经和他之间有了约定。

如果用心跟孩子相处的话，一般是不会发生这种事情的；但是忙于处理各种事情的家长或老师，大脑就像是同时开着很多程序窗口的计算机一样。

正做着某件事呢，突然又有另一项任务需要你去确认，打开的程序太多了，电脑就变慢；敲键盘的速度超过了电脑处理的速度，有时也会造成死机，还得重新启动。这跟育儿的状况差不多。正处理眼前的事情呢，本来是不会忘记的，但是又突然出现了着急的活儿，刚才的那件事情就会被搁置起来。

越是年纪小的孩子，越会把家长（大人）说的话当回事儿。因此与他们交往时，用词一定要慎重，得好好经营亲子间的信赖关系。

表扬的话却传递出了负面的信息

两岁的小 Y 现在一听到大人对他说：“真是个好孩子！”就会举起双手捂住那个人的嘴巴。这到底是为什么呢？

原来小 Y 家里最近新添了一个小宝宝。身边的大人就会经常跟他说：

“小 Y 是个好孩子，所以要保持安静哦！”

“妈妈正忙着照顾小宝宝呢，好孩子自己玩去吧！”

一开始，小 Y 是高高兴兴地按照大人们说的去做，但是时间一久，就发现为了这句“好孩子”的评价，自己反倒受

ダメ

到了很多限制，实在是忍受不了了。所以就拒绝听到大人的表扬。

即便是表扬的话语，如果出现的场合和频率不对，也会给孩子造成压力，反倒成为了一种负面的信息。所以妈妈们不要随便使用。

把感情用语言传达给对方

把自己的感情传达给对方实非易事。有时会造成意想不到的误解，有时无法表达出自己真实的想法。

对孩子而言，是否能够使用与年龄相符的恰当方式将自己的感情传达给对方，取决于迄今为止的生活经验——大人是如何对待他的。

我曾经听说过这样的传闻：两岁的孩子见到妈妈被电视里播的纪录片感动哭了，就知道把纸巾递给她，并摸着她的头说："好孩子不哭……"还有一个三岁的孩子看到妈妈撞到桌子痛得皱起了眉头，就会微笑着安慰她："疼吗？疼吗？不要紧了，没事的。"这都是因为平时妈妈的言行给孩子留下了深刻的印象，所以他们也会学着这样做。

与此相对，也有不擅长用语言表达情感的例子。

有个两岁的孩子看到好朋友哭了，不知道该如何是好，只希望他不要再哭了，就一味地拍着他的头说："不行！不行！"这种表达情感的方式显然是不恰当的。

还有一个四岁的孩子看到有小朋友在幼儿园的才艺表演中跳错了舞步，就直接笑话人家：“跳得真差劲！”“动作好奇怪啊！”虽说这也算感情的自然流露，但更重要的是，大人有必要教导孩子明白谁都可能犯错误，不可以嘲笑那些全力以赴的人，得用更加温和的方式去对待他人。

现在有些电视娱乐节目为了赚取人气，经常会含有一些愚弄他人、欺负弱小或者恶作剧等内容，以此逗人发笑。为了不让孩子因此产生“只要好玩，即使会让人产生不适也没关系”或者“朋友之间也有强弱之分”等错误观念，妈妈需要把好关。特别是在孩子进入青春期之前，妈妈要明确区分哪些节目能看，哪些不能看。

不要强求孩子有“大人样”

有这么一类“好孩子”——他们能够敏锐地感觉到大人的感情和要求，并以此为重，从而压抑自身的感情和需求，拼命努力，只为抚慰父母的内心或者满足他们的要求。这样的孩子实在是太“听话”了，连自己的需求都被强行压抑住。反而让人很是担心。

育儿是两者之间的互动，如果没有按照妈妈所期望的那样发展也是很正常的事情。但是，在不知不觉之中，往往容易把孩子向对妈妈有利的那个方向培养。这很有可能造成孩子不适应家庭和学校的生活，埋下身心疾病的隐患。

为了避免发生这种事情，妈妈应该转换思路，首先要认可孩子的性格或个性。

保留喝一杯热茶的时间

一旦生育了孩子，妈妈整天就忙于照顾他的生活，满足他的各种要求，难得有一丝喘息的机会。

但是，亲子之间也需要悠闲地相处。例如：睡觉前给孩子读一段书，在幼儿园或学校放学的路上边吃零食边聊当天发生的趣事，泡澡的时候互相搓搓背，等等。这种体验的累积非常重要。

孩子长大以后可能会不耐烦妈妈的干涉和唠叨，但总会有想跟妈妈说说话、聊聊天的时候。在这种时候，身为家长就不要问东问西，准备好一杯热茶就行。喝点温暖的东西，心里也会随之温暖起来，话匣子也就好打开了。

一天之中哪怕只有一次，也要留点时间与孩子悠闲地交流。通过这样的相处，可能会发现孩子平时不为人知的一面。

3 断定孩子“性格不好”之前

有的妈妈总是烦恼叹息：“我家孩子的性格真是没救了……”

我倒是希望妈妈们不要单方面地给那些看起来性格或者性格趋向不好的孩子贴上“烦人”、“闹心”、“坏孩子”的标签。而且，为此妈妈就陷入无助、无力、无奈的坏情绪之中，是一件很可悲的事情。

试着重新了解一下孩子的性格如何？可能自孩子出生到现在的这段时间里，不知不觉亲子关系已经进入了僵化、固定的模式。

光看这个孩子的表现可能会觉得他是个“坏孩子”，但是在他采取这种行为之前，肯定有过很多内心活动和想法。

接下来就让我们一起分析分析孩子不良行为的背后到底隐藏了什么秘密。

自认为是个“坏孩子”

那些胆小的孩子、害怕和人交往的孩子、没自信的孩子，往往怀有自卑感和罪恶感，觉得自己做什么都不行，是大家讨厌的对象。那这种自卑感又是因何而起呢？

一旦被人严厉地训斥过或者拒绝过，孩子的心中就会产生不安和恐惧，担心下次还会有这样的遭遇，因此在别人责怪自己之前，就先进行自我批评，以此来掩饰自己的不安。

五岁的男孩小Y，总是给人谨小慎微的印象。有一天幼儿园上手工课，老师正在挨个指导同学们。走到小Y身边时，老师就对他说："小Y，如果用手压住这里，就比较好剪哦。"但是小Y却笑着回答："我是个傻孩子呀，所以做不好。"颇有些自嘲的意味。

小Y的这番话可把老师吓了一跳。老师回过头来一想，回忆起了小Y妈妈接送孩子上学时的口头禅——"赶紧赶紧！你这个傻孩子！"

可能妈妈觉得那只是句玩笑话，但在小Y听来，每次做不好什么事情时总是得到这样的评价，久而久之，就真的觉得自己"是个傻孩子，什么都不会"。

一遇上不顺利的事情，小Y就习惯性地进行自我批评；再接触到新事物时，就产生"反正我也做不好"的心理暗示，结果就是真的什么也做不好。

孩子之所以无法顺利接纳新事物，就是因为他把别人的负面评价等同于自己的真实价值，渐渐失去自信，产生了自卑感。

内心的苦恼变成了身体上的疾病

有时候身体上的不适是由于精神不佳。有些孩子一遇上运动会、演讲比赛、换老师、升学、上学习班等环境上的变化，就会肚子疼、腹泻或者抽搐。坐不住或者身体乱动等行为也算内心不安的外在表现。

出现这些症状是因为孩子的情绪整天都处在紧张和不安之中，不良情绪的累积导致了身体不适。妈妈可以给他们做一些容易消化的食物，或者增加休闲的时间，周末好好地让他们放松一下。

下面让我们看一个小学三年级男生的事例，他身上曾产生了神经质的症状。

他升上三年级之后，除了每周要上两次游泳课，还得参加当地的足球队，也开始去补习班了。

原本是跟哥哥一起去学游泳的，但是哥哥上了初中后就没再去了，他只好一个人去上课。从此以后，他总是以“忘记了”、“肚子疼”等理由请假。妈妈也问过一次:“是不是不想去了？”然后又接着说，“既然已经学了，就应该坚持下去。”虽说往后孩子就乖乖去上课了，但他身上开始出现抽搐等神经质的症状。之前跟哥哥一起学游泳的时候特别上心，总当哥哥的“小尾巴”，一旦变成自己一个人去，乐趣就消失了，反而产生了心理负担。

其实孩子内心所承受的压力比妈妈想象中的要沉重得多。在孩子产生应激反应之前，妈妈根本没有注意到他的内心变化。

虽说只要孩子有话说，妈妈也都愿意听，但是关键在于妈妈难以分辨哪些话是随口一说，哪些话又是孩子的肺腑之言。

当孩子发表“讨厌去上课”、“不想学了”之类的看法时，妈妈不要一味觉得他只是没耐性、没毅力，而是要好好确认他内心的想法。

粗暴之下的自我抑制

某个幼儿园里有这样一个孩子：一旦没有顺他的意，就会对小朋友们冷眼相对或口出污言秽语，要么就是大声恐吓，说的话在旁边的大人听来都觉得恐怖。但是他冷静下来以后，又像个没事人一样，是个听话乖巧的好孩子。这种巨大的落差，让老师们很是困惑。

跟孩子妈妈谈话时得知，他平时在家里非常听话，从来没犯过错。妈妈反倒还劝老师：“您是不是对他太温柔了？可以更严厉一些哦。”

老师们经过观察后发现，每当妈妈来幼儿园接送他的时候，都是用比较严厉的语气跟他说话。孩子也表现得很乖巧，从不磨蹭或任性。据说孩子他爸更加严厉，奉行的是“不听话就得揍”的教育方针。

因此，强权下的“好孩子”，一旦失去了束缚，被压抑的情感就会爆发在比他年幼或者弱小的孩子身上，习惯用殴打、责骂和威胁的方式来解决问题。

而那些被父母肯定、包容、温柔相待的孩子则更容易理解他人，善待他人。这一点请家长们注意。

过于努力的“好孩子”

小A是四月出生[①] 的孩子，比幼儿园的同班同学都要大几个月，而且个子也高，在班上经常充当领导者的角色，很会照顾年纪比他小的孩子。整理玩具和书包的时候很麻利，一旦有了空闲，就会去帮助那些做得慢的小朋友。

但他的妈妈却说，小A一回到家，不管是吃饭还是穿衣都会找各种各样的理由撒娇，让妈妈帮他做。妈妈还一直担心这样是不是不好，真难以相信他在幼儿园里居然那么懂事。

在幼儿园里的小A和在家里的小A，都是同一个人。之所以会有这么大的反差，恐怕是因为他在幼儿园里太过努力，回到家后就想喘口气休息休息，跟家里人撒撒娇。小A用这种方式来维持心理上的平衡。

随着时间的推移，在幼儿园的紧张情绪会有所缓解，随之在家里也不会那样胡闹了。如果孩子突然开始撒娇，对家长

---

① 日本的幼儿园都是四月份开学，年满两周岁才可入园。——译者注

的依赖感增强，请不要急于做出“这孩子性格有问题”的结论，而是要分析一下他在各种场合下的表现，寻找产生变化的原因。

不会调整情绪

有的孩子不善于调整情绪，总是在模棱两可的事情上纠结，磨磨蹭蹭，犹豫不决。

例如下大雨的时候，因为不想穿长筒雨靴，就跟妈妈斗嘴，纠缠不清;又或者是忘记带名字卡，就站在教室门口徘徊，不敢进去，等等。这样的孩子总是容易陷入某种情绪之中，导致坐立不安，手足无措，要花上很长时间来平复自己的心情。

对大人而言，这些孩子总是在无可无不可的事情上磨磨蹭蹭，是“浪费时间”，让人非常焦虑；但是对于较真的孩子来说，那并不是小事。所以需要等他做出自己的结论，有时候家长只要认真听孩子诉说就好。

与受到欺负的孩子产生共鸣

妈妈一旦听说自己的孩子受了欺负，肯定非常焦虑，坐立不安。但是为了不把事情搞得更糟，我建议还是先冷静下来再说。

容易受到欺负的孩子，普遍认为是因为不敢向对方清楚表达“我不愿意”、“快住手”的想法。而这些孩子的妈妈大多平时教育他们不要外露生气或者否定等负面的感情。因此当他们遇到让自己不开心的事情时，往往压抑自我感受，趋于用忍耐的方式了结。

但是，倘若对方心怀恶意、故意让人难堪，这时一味忍耐根本起不到任何作用。反倒让对方产生优越感，助长了欺人的气焰。

小S是三月份的生日，在班里年级最小，而且个子也不高。有一天他在幼儿园里说起“胡萝卜是蔬菜”，结果被另一个男孩反驳：“你说错了，胡萝卜才不是蔬菜呢！”他身边的女孩也随声附和说：“胡萝卜本来就不是蔬菜！”小S心想，如果这时候还坚持自己的看法，就会和往常一样被小朋友们排斥，所以他就保持了沉默，不再说话。结果这个班级里所有的大孩子都认为——胡萝卜不是蔬菜。

回到家后的小S悄悄问妈妈：“胡萝卜是蔬菜吧？”

连五岁的孩子都知道这种以“拉帮结派”的手段来排挤他人的欺凌方法。虽然妈妈告诉他什么事情都可以对妈妈讲，但倘若真的把受欺负的事情告诉妈妈，很可能会惹她生气，没准还会去找老师或者其他孩子的家长抱怨，反倒给自己增加了烦恼。

还有一种妈妈会反过来责怪孩子：“你应该对他这样做”，“他说错了就该反驳”，“你是对的，为什么不坚持呢”……但是孩子根本就做不到。他还会担心妈妈听了之后会不会伤心，或者不愿意让家里人知道他在朋友面前这么“英雄气短”——不能说的理由有很多。

这个时候，妈妈应该对孩子表示同情和理解：

“居然有这种事情。你心理很难受吧？”

“真让人不甘心啊。你没有哭出来，对不对？”

这样一来，孩子的内心就会放松下来，愿意跟妈妈好好聊聊。解决问题的大门就此敞开。

4 这样的性格，让人如何是好？

不管是沉稳、害羞的内向性格，还是谨慎、冷静的思考型性格，或者是爱干净、热心、小气、依赖人等各种各样的性格，都是基于日常生活中的行为习惯而养成的。

既然如此，如果妈妈的教育方式有所变化，那么孩子的性格也会有所改变。

我把某些令妈妈烦恼的性格分成“自作主张型”、“动作行为型”和“朋友关系型”这三种类型。接下来我会分别举一些典型例子，借此分析孩子们的性格和性格趋向，辨明行为背后的心理背景，给妈妈们一些可借鉴的建议。

【自作主张型】

○粗鲁·强势

有的孩子一遇上不顺心的事情，就会动不动顶撞人或者直接动手。周围的孩子一看到他这么粗鲁的样子，就会认为这个人“真可怕”，进而不愿与他来往。

这是因为他不善言辞，觉得动手才是最有效的解决方式，养成了爱用暴力的习惯。

妈妈遇到这种情况的时候，应当及时制止，以免更讨人嫌；事后待孩子冷静下来，再跟他好好谈谈。如果总是怒气冲冲地斥责他或者干脆放任不管，会让孩子误认为“连妈妈都讨厌我”，反而让事态更加恶化。家长不要忘了，要让孩子感受到“我爱你”的信号。

随着孩子慢慢长大，他的理解力和判断力都会得到发展，对情绪的控制力也会变强。妈妈不要操之过急，应当耐心地把社会所认可的处事方式教给他。

○消极·畏怯

有的孩子做事时“摸着石头也不敢过河”，有的孩子一到新的环境就特别紧张，要花上常人好几倍的时间才能适应……妈妈们一看他们这样就着急心慌，恨不得能推着他们往前走。但是妈妈越这样做，孩子的消极程度反而变本加厉，更加畏缩不前。遇到这种情况时，可以让好朋友陪着他，这样多少可以安心一些；或者在开始的时候，妈妈跟他一起来做。

当孩子进入一个新环境，有的妈妈为了鼓励他，就总是说“坚持住”、“加油”之类的话。其实这反倒会让孩子觉得更加不安。

比起说这些漂亮话，不如让孩子切切实实地觉得新环境很安全。可以告诉他:“老师会代替妈妈，在身边守护你，帮助你！”一旦获得了大人和周围朋友们的认可，孩子的自信心就会慢慢增强。可能某一天你就突然发现，他好像完全变了一个人似的，性格变得开朗活泼。

○逆反·不老实

你说往东他往西;光说漂亮话其实什么也不会做;总是用五花八门的理由搪塞人;对待大人没有个尊重的样子，反而态度傲慢，语言粗鲁……这样的孩子，最近见得真不少。他们这种不容人的态度，主要根源于过度的“自我保护”，心中有一道高高的壁垒，拒人于千里之外。

就像童话《北风与太阳》中想表达的意思一样，想要融化人们内心的坚冰，最好的方式就是温柔以待，春风化雨。并非硬要让孩子接受自己的想法，或者一味顺着他的意思、处处讨好。告诉孩子“我很爱你”的同时，也要让他知道“做这样的事情是错的”、“那种说话方式不合适”，等等。当然，切忌絮絮叨叨，简明扼要地把意思传达到就可以。

妈妈千万不要摆出一副严肃的表情，跟孩子在嘴皮子上争个高低。

○顽固·好强

有些孩子性格比较顽固，听不进去别人的话，不管做什么事都喜欢按照自己的方式来，跟周围的人相处不好。也有些孩子发现技不如人之后，不仅不甘心，甚至连自己也捎带着怨恨上了——都怪自己没本事！

虽然这样的孩子拥有明确的目标，也愿意全身心地付出努力，非常让人感动，但是一旦选错了方向或者遇到了挫折，那种强烈的失败感也非常人能忍受。连妈妈有时拿他们也没有办法。

妈妈能做的，就是平时多向他们灌输这样的想法："有些事情，即使努力了也有可能无法完成"；"下次换个别的方法试试看"；"等你长大了，就能办得到"；"不管能不能成功，妈妈都爱你"……

○自己的事情自己不去做

当人的心中萌发出了"我"的意识之后，同时就会产生"自立"的要求。而且，随着年龄的增长，身边的人也会要求你在生活上逐步自立，对自己的行为负起责任。如果自己能做的事情孩子却不去做，那就要从身边的人身上找原因——他们为孩子做得太多了。因为大人的过度溺爱，造成了孩子习惯性撒娇。

虽说如此，也不能突然要求孩子什么事都自己来，这样很可能造成他内心不安。应该让他从自己穿衣、给花浇水等小事慢慢做起，逐渐增加"任务量"。

依赖他人、责怪他人、抱怨他人不帮助自己等，都是无法自立的人逃避责任的表现。家长应该让孩子明白自己的事情自己做所带来的自豪感，远比别人帮你做好而产生的轻松感更让人开心。这也是培养孩子自我意识的手段之一。

【动作行为型】

○动作慢腾腾

有些孩子倒不是行动得晚，而是做事情过于认真。像是穿衣或是吃饭，每一个步骤都做得仔仔细细，慢慢悠悠，结果总是最后一个完成任务。即使是周围已经乱成一锅粥，他还是浑然不觉，我行我素。

人要随着年龄的增长，才能更好地运用手和指头，所以那些上学早的孩子或者早产儿，可能动作上会比同龄人稍微慢些，到小学二年级的时候基本就没什么问题了。家长不必过分担忧。

不过也有些动作慢的孩子确实是做事太认真，等醒过来神儿的时候才发现自己已经落到了最后。即便如此，他们也还是默默地按照自己的节奏来，毫不在意周围的情况。

作为家长，遇到这种情况时应该提前跟孩子讲明白每件事情之间的联系，也就是所谓的“预判”。比如提醒孩子“做完 ×× 之后就是 ×× 了”、“×× 点之

前做 × ×”之类，让他意识到每件事情的先后顺序，明白要做的不只是手头这一件事情。这样慢慢提高他的速度，以便与周围的节奏合上拍。

○容易放弃

有的孩子什么都想做着试试，但是一让他坚持把某件事做到底，就不想干了；或者遇上点难题，就马上放弃。即便是没有人强迫、纯粹是自己想做，也是没过两天就不了了之。导致的直接结果就是家里摆满了他再也不去摸的器材、玩具和书籍。这样爱放弃、没长性的孩子让妈妈很是生气。

妈妈在面对这样的孩子时，不要只凭他一句“好有趣”、“想试试”就无条件支持，很可能他只是觉得新奇好玩而已。是否真心想做，还需要妈妈去好好确认。此外还要仔细考虑孩子现在的生活中是否还有空余的时间支持他去做某件事，以及买了某样东西之后可能会有怎样的后果，等等。

而且，有些孩子爱放弃的原因是因为不知道在实践过程中该如何解决难题。遇到这种情况，妈妈可以跟他一起做，或者在必要的时候帮他一把。通过努力取得成功后的成就感和喜悦感对孩子而言也是很宝贵的体验。

○爱慌张

在精神和时间都很紧张的情况下还必须要做某件

事，无论是谁都会慌张吧。那些做事总是慌慌张张的孩子，就是在事前光顾盯着目标，而没有功夫去好好琢磨过程中的每一步该怎么做，因此无法放松心情。

他们满脑子都充斥着“必须得快点”、“必须做好”、“能顺利完成吗”、“这也得做那也得做”之类的念头，结果什么都没法好好处理。没完成的事情一件接着一件，做什么都不顺利，就更慌张了。

在这种时候说“你得冷静下来”这种话一点用都没有，更别提催促他“快点快点”了，只会适得其反。

妈妈首先应该深呼吸平复下心情，然后用温和的口吻跟孩子确认做事的顺序和方式，告诉他用不着那么着急。此外，为了不造成精神上的紧张，应该在做事之前就早点提醒他，像是倒计时三十分钟、十五分钟、五分钟之类，让孩子做到心中有数，做事不慌。

○坐不住

在不自在的场合下或者有其他干扰的环境中，特别是那些年纪小的孩子，很容易注意力不集中。在同样的情况下，别人家的孩子都能老老实实地坐着听讲，自己的孩子却在座位上扭来扭去，不是玩手指就是眼睛到处乱看，要么就自说自话，动不动还跟旁边的孩子起点小冲突……妈妈看到这样的场景时，真是既难堪又生气，觉得无地自容。提醒他之后可能会安生一阵子，过一会儿又开始心不在焉，坐立不宁了。

孩子之所以老是坐不住，是因为他不擅长处理周围的信息，搞不明白哪些才是对自己有用的。这个时候只要适当减少干扰因素，他就会明白该怎么做。比如说吃饭的时候把电视关掉，做作业的时候拉上窗帘，让他的注意力不被外面的情况吸引。只要给他创造一个相对简单的环境，效果就会大不一样。

一味提醒他或者责备他，只会放大孩子内心的不安，让他更加心神不宁。一开始哪怕他只能安静地坐上五分钟、十分钟，也应该好好提出表扬。有意识地多夸奖他几次，就能慢慢改善他的行为，使他渐渐变得沉着冷静。

○神经质·爱挑剔

有的孩子稍微遇上点儿事就紧张兮兮，变得神经质，总是把注意力放在事情的细节上，没法做好其他事情。有时候没睡好觉，虽然身体上没有什么不适，但是早上一起来就各种找碴儿，发一些无名之火——反正就是不开心。虽然这些神经质、爱挑剔的孩子做事都比较认真、仔细，甚至还会有洁癖，但是容易纠结于一些细微的方面，导致无法很好地把握整体。

这种情况下，妈妈无论是鼓励还是制造积极的气氛，都起不到什么作用。有时孩子的反应反倒让妈妈更加郁闷焦虑，令事态陷入恶性循环之中。

重要的是要给孩子足够的时间让他转换情绪，即便是某件事不能如己所愿顺利进行，也要调整好心情去做下一件事情。比如说暂时不要和他搭话，过会儿带他吃点好吃的或是出去散散步，亲子之间保持恰如其分的距离会让孩子尽快平复情绪。

【朋友关系型】

○找麻烦·欺负人

最近发生的欺凌事件，有越来越难判定的趋势——哪种程度算是玩耍，哪种程度算是欺凌呢？有的孩子是在游戏中看到对方有趣的反应才将嘲弄的行为进一步升级，这个限度真的是非常暧昧。欺负人的一方虽然觉得有趣好笑，但是他的这种感受很可能是建立在受欺负一方的牺牲之上。妈妈要仔细分辨其中是否产生了受害者。

欺凌行为的对错与否自不待言，大家一般都把注意力的重心放在如何缓解受害者的痛苦上，而欺人者的所思所想却总是容易被人忽视。如果不了解欺负人一方的情绪，就无从了解受欺负一方的感受。

有一个方法可以判断自己的孩子是否有欺负人的倾向——近期妈妈是否经常拒绝他的请求，是否经常不给他买东西。为了能在早期发现孩子的不良情绪，家长需要对孩子的变化保持敏锐的观察力。

○受欺负

发生在年纪较小的孩子之间的欺凌事件，基本上都不是某个人针对某个人的固定行为。虽说如此，如果总是在游戏中被迫扮演“坏人”而遭到惩罚，或者被玩伴们排斥，对小孩而言，的确是很痛苦的体验。

可能孩子本人还不明白什么叫作“欺凌”，但是当他不愿意去幼儿园或学校，或者故意避开某个同学时，妈妈就得冷静地分析情况，提高警惕了。必要的时候可以去找老师谈谈。而且妈妈要让孩子知道，如果别人做了让你不愉快的事情，一定要清楚地说出来：“疼！”“住手！”

另一方面，孩子到了上小学三四年级的年龄时，就不会对妈妈无话不说了。有些感受他们宁愿藏在心底。因此，有些妈妈直到孩子出现自杀等极端行为时，才知道他受到了欺负。

而且，有些受到欺负的孩子，是因为想融入某个集团，即便被欺负也毫不在意，仍然拼命扮演着取悦众人的角色。因此，直到事态到了非常严重的地步，周围的人、欺负人的人、受欺负的人才会意识到这种行为就是“欺凌”。

那些在小学低年级时挨过欺负的孩子，即使是进入青春期，也经常会因为一些小事而回忆起以前的痛苦经历，容易产生被害妄想。所以妈妈千万不要认为“小时候受点欺负很正常”，这种事情的“影响力”可没有那么简单。

如果您的孩子真的受到了欺负，请不要只把目光放在如何解决问题上面，而是要让孩子明白，学校生活并不是生活的全部。在学校之外还有很多有意思的活动和场所，在学校之外还能结识到其他的朋友。一旦确立了将来的明确目标，整个人生都会变得宽广起来，所以不能深陷在欺凌事件之中无法自拔。如果能在家中创造一个孩子可以畅所欲言的环境，妈妈就能及时捕捉到孩子内心的变化，也能了解他的交友关系，这一点非常重要。

○不跟别人说话（内向·害羞）

有的孩子在家里能说会道，嗓门也挺大，而到了学校就变得非常害羞，说话声音小得几乎听不到。原因就是他们在不熟悉的地方没有安全感，害怕在外人面前行动。

即便不说话，也可以通过点头、摇头、牵手等肢体语言来表达内心的想法，其实妈妈用不着那么担心。对孩子来说，不是在任何地方、对任何人都能发挥出来100%的能量。大人不也是“看人下菜碟”嘛！

只要他在某些场合能正常发挥，就没有必要焦虑，千万不要强迫他说话。即使是在陌生的地方，待孩子慢慢熟悉那里的人物和气氛后，他就会放松下来，尽情娱乐。只要平时注意让他多接触一些人和事，积累和他人相处共事的经验，在不知不觉之中，孩子就会变得开朗活泼了。

○不会体贴人

有的孩子看上去非常优秀，但偶尔表现出的冷酷无情还是会让人心里一惊。在如今竞争激烈的社会中，妈妈只顾着把自己的孩子培养成比别人更快更好的人，却忘记告诉他人与人之间的相处有多么重要，爱人之心有多么宝贵。

不会体贴他人的孩子之中，不少都是爱发脾气的小孩。只要稍不顺心，就要把问题推到别人身上。

妈妈们偶尔也要抽出空来同孩子悠闲地相处。在这段时间内，跟他一起体验喜、怒、哀、乐等情感，让他的内心更加丰富，心智更加成熟。这不仅会成为孩子童年的宝贵回忆，也有助于提高洞察别人内心的能力。

在孩子小的时候，要借助游戏等媒介让他多接触别人，尝试感受别人的心情，产生共鸣。不要只顾着追求效率，也要通过这些与人交往的经验来提高孩子的情商。当然，从现在开始做也来得及。

5 比说教更有效的处理方式

我在前面已经分析过了孩子的不良性格有哪些、是怎样形成的、该注意哪些方面等内容，接下来就该了解下造成孩子不良性格的背景。

下面我将按照不同场景下孩子的表现来进行详细说明，并告诉家长们该如何处理。

孩子拖拖拉拉，导致去幼儿园或学校迟到

跟孩子说："快点去换衣服！"可他还傻坐着不动，要么就是紧盯着电视画面，根本不看时间……这样的场景每天早晨都在很多家庭中上演。结果就只听到妈妈的语气一句比一句严厉，声音一句比一句大。本来打算今天和和气气地送孩子上学，结果一看到他慢慢悠悠、磨磨蹭蹭的样子，就不由得焦虑起来……有没有不再过这种日子的方法呀？

孩子能够麻利地处理好自己的事情，早早去上学是每个妈妈的理想。但是这个要求未免太高了。首先，你得明白自己

的孩子现在属于哪种状态。

如果你的孩子不善于安排时间，那就应该帮他养成在前一天晚上把该准备的东西准备好的习惯；如果你的孩子总是赖床，那就得在早上留出充分的“热身”时间，比如把起床时间再提前一些；如果你的孩子注意力总是不集中，那就在他早上准备东西的时候“不说话、不离开”，在必要的时候提供帮助就好。有时妈妈们的唠叨不仅起不到作用，反而容易打乱孩子的节奏，分散他们的注意力。

至于早上的准备工作妈妈应该做到什么程度，不能只根据孩子的年纪来判断，而是要结合他平时的生活习惯来进行引导。比如说第二天要出门远足或者开运动会，孩子想必会很期待。妈妈也希望在起床之后一切顺利，所以就开始做各种准备。也就是说，妈妈虽然想让孩子自立，但是又担心孩子到时会手足无措，就事先帮他做好了。孩子心里也认为“妈妈已经帮我安排好了，照着做就行”，最终还是摆脱不了对妈妈的依赖。

所以妈妈要想让孩子真正实现自立，就得狠下心来摆脱这种依赖关系，让孩子自己做决定。

说谎

姑且不论谎言的内容，光是说谎这件事情本身就会让妈妈大惊失色，开始烦恼：是我的教育方法错了吗？我平时对孩子

的态度有问题吗？这孩子以后会变成什么样？

说谎，主要分成以下几种类型。

第一种，本来只想开一个小玩笑，没想到居然变成了大事件，惹来了大麻烦。于是就被贴上了“说谎”的标签。第二种，粉饰对自己不利的事情，以此蒙混过关。第三种就是恶意为之，本意就是想欺骗他人，让人烦恼。小孩子是不会说出第三种谎言的。

但是很多家长都不去细想孩子说的到底是哪种类型的谎言，就一味地把谎言造成的恐慌和混乱都归咎到孩子身上，开始严厉地责备他、进行惩罚或者说一些过分的话。妈妈越是不安，就会对孩子越严厉。孩子一旦遭到这样的对待，内心肯定是惶恐无助的，为了摆脱这种压力，就会编织新的谎言出来。说谎就是一种自我防卫的手段。

不管孩子的岁数是多大，他心里对说谎行为和所闯的祸都有一个自己的判断。因此，妈妈不必反复逼问他是否知错。

遇到这种情况，妈妈应该收敛自己的怒火和失望情绪，不是去逼问孩子，而是应该跟他好好确认事实。批评的话仅限于“你这样做是错的”、“做了不好的事情”就足够了。告诉孩子，遇事不应该说谎，而是有其他正确的解决方式。此外，也要让孩子了解，如果有什么困惑的事情、烦恼的事情，可以告诉家长，大家一起商量该怎么办。至于往后该如何做，交给孩子自己处理就好。

光是让孩子口头认错是解决不了问题的。比起这个，妈妈更应该让孩子明白自己一直在关心和爱护他。如果需要向谁去道歉，妈妈务必要陪孩子同去，让他知道家人永远和他在一起。

而且在往后的一段时间里，妈妈要特别留意孩子的日常生活表现。如果他经常说谎，就得让他明白，世间没有不透风的墙，就算骗得了一时，也骗不了一世，更骗不了自己。这也是让他开始诚实面对自己的一个契机。

对家长恶语相向

有时候孩子也不知道从哪里学来的，开始对妈妈说一些难听话，这可真把人吓了一跳。有的是在开玩笑，而有的却是在动真格，孩子无法抑制内心的怒火或兴奋的情绪，言行变得粗鲁。这个时候一味用强权压制他可不是个好办法。当然，也不是说让妈妈由着他来。而是应该当场阻止他，用严肃的态度跟他好好谈谈。

妈妈要直视孩子，用比往常更加正式、耐心的语气平静地告诉他“不可以对家长说那样的话”、“妈妈不准或讨厌你用那种词”。用语要简洁、有力。如果孩子仍然无视妈妈的反应继续口出恶言，妈妈应该握住他的双手让他平静下来，再重复刚才说的话，此外不需要过多的干涉。

这样一来，孩子不仅明白了正确的言行举止该是什么样的，而且通过严肃的处理方式，孩子也能体会到妈妈对他的重视之情。

挑食

挑食曾经被当成一种必须矫正的不良性格（习惯）来对待，但最近又有人提出每个人的味觉和嗜好不同，不应该强人所难。虽说如此，但毕竟不挑食比起挑食来说，能让人生获得更多的体验，难道不是吗?

我认为吃饭不能由着爱好来，而是应该尽量克服挑食的毛病。

可以通过以下几种方法把这个过程变得更快乐一些：把餐桌布置得漂漂亮亮、精心调味、提升食物的口感、劝说孩子哪怕只尝一口、妈妈和孩子一起挑战不爱吃的食物或者比赛吃饭，等等。吃饭的时间是亲子温馨互动的时间，千万不要搞得很痛苦。

吃饭不仅是摄取充分营养的过程，也是了解当地饮食文化和风土人情的过程。传播这类知识也是育儿的重要组成部分。不是有“食育”这个说法吗？通过了解制作食物的过程，以及制作食物的人，可以让孩子的情感变得更加丰富。

在普及食物知识的过程中，可能不知不觉就治好了孩子“挑食”的毛病。

被小朋友欺负

孩子的世界里有很多事情家长都不了解，其中夹杂有复杂的感情因素。有的妈妈认为“被欺负的一方也有错”，单纯地用“以眼还眼以牙还牙”的方式来处理，反而会把受害的孩子逼入绝境。

也有的妈妈穷追猛打，认为“欺负人的学生有毛病”，不惜把事情闹大，搞得整个班级的学生都无法正常上课。自然，也会把责任转嫁到老师身上，理由就是“包容欺人者的学校和老师也有毛病”。但是这些举动对解决问题根本没有帮助。

最重要的就是妈妈应当好好听孩子的讲述，对他的心情表示理解和安慰，让他知道“你并没有错”、“父母永远支持你”，妈妈和孩子共同面对问题，一起去解决它。

长大了还撒娇

经常听到妈妈跟我抱怨，孩子都两三岁了，多少也懂些事，自己可以独立完成的事情也不少。但总是动不动就爬到家长膝头，或者在大人身上蹭来蹭去地撒娇求抱抱。这让妈妈很是为难。

为难的原因就在于妈妈想象中孩子的样子与现实中的有所不同。如果这时拒绝他们撒娇的行为，同时还用严肃的语气跟他们说“你已经不是小宝宝了”、“都成哥哥了还这样”、“别撒娇”之类的话，很可能会造成亲子之间感情的裂痕，孩子的欲望没有得到满足，反而会变本加厉地撒娇……这就形成了一个恶性循环。

不管孩子长到几岁，都会有想跟父母撒娇的时候。即便是成了初中生或是高中生，身高超过了父母，一旦感到困惑和不安，还是希望能有人给自己一个温暖的拥抱，这将会给予自己莫大的安慰和勇气。那就更不用说幼儿和小学生了。在他们有需要的时候，应该好好地去宠爱他们。

“心灵安全基地”的存在能够给予孩子强大的安心感，以此为依靠，他们会慢慢自立。

光顾着玩游戏很晚才睡觉

我们并不是不通人情、一点电子游戏也不让玩的妈妈，也不是性格多强势的人，但自己孩子总是一个劲儿地玩电子游戏，直到很晚也不睡觉，真让人头疼。

孩子的辩解也让人很无奈。

“本来只想玩一小会儿的，一不留神……”

“我正准备关游戏呢，没想到都这个时间了。”

游戏真的那么有魅力吗？这个时候只需要拿出家长的权威，大吼一声：

“现在就关机！到睡觉的时间了……”

秘诀就是不给孩子留下任何转圜的余地。千万不能给他说“就一会儿”、“这就结束”、“再玩五分钟”这些话的机会。

然后改日再和孩子好好商量，立下一个“我家玩游戏的规矩”。如果无法遵守，那怎样做才能遵守——双方要商量着来。

妈妈需要充沛的体能，小孩子更是如此。所以按时睡觉、生活规律非常重要。所以必须遵守双方定下来的规矩。这个时候千万不要做看似“通情达理”的妈妈，这反倒会害了孩子。

6 不用唠唠叨叨训孩子的“小妙招”

下文中所列的内容，都是从在我这里咨询过的真实案例中选出来的，与孩子性格问题有关的典型例子。而且每个例子后面都附有我的应对建议。希望能为有着同样烦恼的妈妈提供一些参考。

总是撒娇，想和朋友多玩一会儿

【问题】

五岁的大儿子在幼儿园交到了很合得来的朋友，经常放学后还要在一起玩。但有的时候两个人都会有各自的事情，没法天天在一起。早上一跟他说今天有别的安排，就开始呜呜哭，情绪激烈的时候还会生气地叫着说:“都是妈妈的错！妈妈是笨蛋！”还对我拳打脚踢。遇到能一起玩的日子，如果我提早来幼儿园接他，还老大不愿意。我跟他说小朋友接下来还有别的事情要做，妈妈也要早点回去准备晚餐，他根本听不进去，每次都哭着闹人。怎样才能让他变得成熟稳重些呢？

【解决问题的关键】

大人的一天都是安排好的。现在要做什么，过会儿要做什么，都心里有数。但孩子总是会破坏自己的计划，所以经常让大人觉得头疼。

因为他们做事还不会从长远考虑，只关注当下，认为那才是切切实实正在发生的事情。明明现在有想做的事情，为什么妈妈却不让他继续呢？他们觉得无法理解。在孩子眼里，妈妈就是那个总是限制、阻止自己的人。

【策略 1】清楚地告诉他今天的安排

事到临头才去训斥孩子，这种做法是不会被他们理解的。因此一定要在事前就清楚明白地通知他今天的安排。例如“因为 ×× 所以会早点去接你”，“小朋友家里有事，所以只能玩到三点”，等等。

可能一开始他难以接受，但多说几次，他就能渐渐明白什么叫作“安排”。最好再跟他确认：“今天妈妈说几点去接你啊？”“为什么要早点回家呢？”这样能加深他的印象，效果更好。

【策略 2】说好的事情一定要做到

把今天的安排告诉孩子以后，还要和他约定好：“去接你的时候如果还哭闹着说想再玩一会儿，那第二天就不让你玩儿了。”一到说好的时间，就该微笑着跟小朋友说再见，干脆利落地回家。撒娇也不管用。要把“约定”这个概念多强调几次，让孩子牢牢记住。如果他违反了约定，第二天就真的不让他再跟小朋友玩了。

把这两种“策略”结合起来多实践几次，想必就能治好孩子爱撒娇的毛病。

玩具丢了一地也不收拾

【问题】

我发现四岁的女儿特别邋遢。不管说了多少次，她还是不会自觉地整理玩具。本来想耐心等她自己动手收拾，但她还是只管往外拿，不管收拾。最后实在忍无可忍，就给她下了最后通牒:“再不收拾的话，就把你的玩具全扔了！”她这才磨磨蹭蹭地去整理。但没过多久又扔了一地。我该怎么做才能让她养成自觉收拾东西的习惯呢?

【解决问题的关键】

我们大人很自然地认为“收拾东西能让房间变得整洁”，但是孩子却不明白行动的目的性，他们只觉得收拾东西很无趣，所以才不去做。并不是所谓的“邋遢”。

因此，想让孩子自觉去整理东西，一是要让她明白这么做的目的；二是要把过程变得有趣。

【策略 1】“玩一样就收拾一样”的原则

有位料理研究家曾经说过做菜要“做完一样就收拾一样”。意思就是做菜的时候，要随手清洗锅碗瓢盆，这样菜做好了，厨房也就整理好了。

可以把这个原则活用到游戏之中。要让孩子遵守这样的规矩——在玩下一个游戏之前，要把上个游戏中用到的玩具整理好。这样就不会把玩具扔得满地都是，而且比起要整理全部来说，只用收拾一个游戏中的玩具，孩子更容易做到。

【策略 2】收拾东西也是一种游戏

妈妈应该转换观念，把收拾东西也当作游戏的组成部分。一旦实践过一次，往后就好办多了。比如妈妈也加入到游戏中来：“快递员，麻烦你把玩具送到玩具箱里好吗？”“搬家小能手，就拜托你啦！”“电车要进车库啦——”把命令转化成游戏中的语言，这样孩子更容易接受，在玩耍之中就能把东西整理好。

总是说“不要”、“讨厌”

【问题】

我女儿特别爱吃米饭，但是不喜欢吃副食品和蔬菜。每次添饭都只吃饭不吃菜。好几次都跟她说：“也要把菜吃完哦！”就招致一连串的“不要”、“讨厌”，有时候甚至还会把盘子掀翻。我又担心过多训斥她反而导致连饭也不吃了，真是左右为难。

【解决问题的关键】

如果妈妈和处在逆反期的孩子正面交锋的话，很容易发展为争吵，造成亲子关系紧张。解决问题的关键就在于“避其锋芒，从侧面着手”。

【策略 1】把表扬政策贯彻到底

对付逆反的孩子，不能生硬地回绝，采用“表扬”的策略最好。

妈妈可以这么说：“再添一碗米饭是吗？真厉害！能把饭吃完的孩子，肯定也能把菜都吃完。妈妈想见识见识你是怎么把它们都吃光的！饭也吃完、菜也吃完的孩子最棒了！”

就这么坚持走表扬路线吧！

【策略 2】无法强迫，就要引导

要让孩子明白，妈妈能够体会你的心情，但是决不妥协。

一边表示对她的理解：“是吗？不想吃菜呀！”“只愿意吃米饭啊！”一边用各种方式劝她吃菜：“来，再吃一口菜，妈妈就去给你盛饭！”“再吃一口菜，这样就能把肚子里的坏东西消灭掉！”“再吃一口，就能变

得像 ×× 一样强壮！”就这样，一边调整孩子的情绪，一边寻找最适合的引导方式。

妈妈不正面回应孩子的拒绝，而是采用理解和体谅的态度，能让孩子觉得自己得到了尊重，有助于培养他的好习惯。

我已经针对各种令人苦恼的性格有重点地进行了分析，不知道妈妈们是否明白了该如何处理呢？

首先，要明确究竟是孩子性格中的哪个方面让你觉得困扰。其次，要分析导致产生这种性格的原因。最后确定行动的目标。在这个过程中，就会自然而然地去评价以往的育儿方式是否出了问题。这样妈妈也就会相应地调整自己的做法，找到最合适的解决方式。

即使您遇到的问题不在我所列的范围之中，只要采用了这种思考方法，想必也能找到属于自己的答案。

第四章

妈妈的心得：如何培养出好性格的孩子

在生孩子之前，你是如何想象自己当妈妈的样子的？

“要多表扬孩子。”

“尽量不责骂他，做一个温柔的妈妈。”

“肯定会是一个特别能理解孩子的好妈妈。”

但实际上面对孩子时，自己的形象总是和理想中的有差距。动不动就拿他跟别的孩子比较；忙于家务，没有工夫听孩子说话；总是训孩子，等等。也会经常后悔：“我本来没打算对他这样……”

但是，要想让孩子健康成长，充分的表扬和恰当的训诫同样重要。这样教育出的孩子才成熟大方，惹人喜爱。孩子能养成一个好性格，就是对家长最大的褒奖。

之前我们一直在分析那些不良性格，在本章中，我们就来讲讲该如何培养孩子的好性格。

1 培养孩子健康心理的方法

就算妈妈有千百万种想法，如果进不到孩子心里，那也是白费工夫。下面我们就根据不同的年龄段来总结一下该如何培养孩子的健康心理。

拥抱、蹭脸——亲肤育儿法（三岁之前）

从出生到三岁的这段时间，是培养喜怒哀乐（喜悦、愤怒、悲伤、快乐）等基础情绪的关键时期。

刚出生不久的孩子，情绪状态还很朦胧，通过与人的接触积累了被接受、被抚慰的经验，学习该如何表达喜、怒、哀、乐。即使产生了愤怒或者悲伤等激烈的情绪，只要人们能理解和接纳他，孩子也就慢慢学会了该如何自我控制。

让幼儿知道你理解他情绪的最好方式就是用身体接触来表达爱意。例如拥抱、抚摸、蹭脸等。孩子通过与大人直接的皮肤接触，能够获得安全感，并对人产生绝对信赖。

当他意识到“不管是哭还是笑，总有人会关心我”，就会产生自信。即使是因为年纪小，很多事情都由大人代为处理，但随着自信心的提升，他们也会主动去探索身边的世界。

在这段时间内，大人要尽量多地让孩子感受到“人们会无条件地接受我”。

养成基本的生活习惯（从三岁到六岁）

这一时期是孩子学习各种规则的时期，以便将来能够更顺利地融入社会。

但是孩子本身并不明白什么是好什么是坏，他们行动的准则就是由着自己的兴趣爱好和好奇心来。因此，妈妈必须要把社会的准则教给他。例如遵守交通规则，才能保证自己的安全；不要伤害他人；在公共场合或者人群中要行为得当，等等。一旦越过了规则的红线，就要马上制止或是批评。

孩子也会模仿家长的行为，养成基本的生活习惯。他们并非是知道为什么才去做，而是在明白道理之前，就已经把洗手、刷牙、换衣服、打招呼等行为融入了生活习惯之中。

他们是根据妈妈的行为来判断是否符合社会规范，也就是说，在这个时期，妈妈的表现就是他们的行为基准。不管家长说什么、做什么，孩子都会全盘接受并吸收为自己的东西。

随着心智和身体的成长，孩子能做的事情越来越多。好奇心旺盛虽然是件好事，但他们也会在无意之中做出很多危险行为。这个时候光说好话是不行的，该批评的时候就要批评。这样他们才能记住什么能做，什么不能做。

尊重个性，自由成长（从六岁到十一岁）

学校生活对孩子社会性格的养成有很大的影响。

上学以后，生活的重心就从幼儿期的“玩耍”转移到“学习”上来，通过老师的培养和朋友的经营，慢慢获得“实现理想”的能力。

发现新事物的喜悦和达成目标后的开心等愉悦的感受，有利于孩子自信心的形成。自信心可以理解为对自己的信赖感，认为“我可以做到”。自信心是未来与他人交往合作的基础。缺乏自信心的孩子，无论大人们怎么宠爱，心中还会有自卑情绪，而且缺乏安全感。

此外，在孩子刚入学的那段时间里，老师是绝对的权威，孩子像需要妈妈一样渴求老师的帮助。如果老师对孩子寄予希望，那对孩子而言就是莫大的鼓励，很快就能在成绩上反映出来。这就是所谓的“皮革马利翁效应”。

只要有所期待，孩子就能有所成长。这就是学童时期性格形成过程中的典型特征。

孩子渴望自己的个性能够得到认可，即便这种个性他之

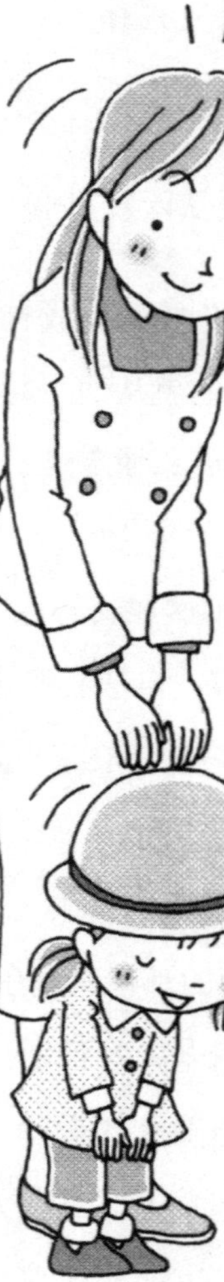

前从未注意过。曾经有位教师根据每个孩子的优点给全班同学都起了外号，像是虫博士、绘画博士、汉字博士、跳箱博士，等等。大人不应该让孩子千篇一律朝着同样的方向发展，而是应该努力发掘他们的个性，尊重他们的个人价值。应该创造一个孩子可以保留天性、自由发展的成长环境。这不仅是学校的任务，在家庭教育中也应引起注意。

孩子到了上学的年纪，妈妈不能把孩子往学校里一扔了事，亲子关系和家庭环境依然对孩子性格的形成有很大影响。虽然不像幼儿时期那样时时处处都要照顾到，但是妈妈对待孩子时所使用的语言和态度还是要慎重。

而且孩子上学后，自我意识变强的同时，也容易和同学作比较，继而产生自卑感；或者没完成困难课题时产生的挫败感也很强烈。这些都会损伤孩子的自信心。在这种时候，不能强求他在学校继续挑战困难，恢复自信，而是要在家庭中给予他支持。

妈妈不仅要关心孩子的学习态度，在生活能力、交友能力方面也不能掉以轻心。妈妈的理解、支持、帮助和赞扬有助于培养孩子的自信心和信赖感，这些也会反映在他的性格之中。

2 养成孩子好性格的表扬方式与批评方式

明白表扬和批评的重点所在

人一旦挨训，心情就会不好，情绪低落。所以有的人就主张尽量不要批评孩子。但是如果不采取这种方式，孩子很可能意识不到自己正在做错误的事情、危险的事情和不礼貌的事情。所以批评还是很有必要的。

但话又说回来，如果只为了批评而批评，孩子是听不进去的。总训斥孩子的话，很可能招致他的逆反心理，往后妈妈说什么都不管用了。

与此相对，被表扬之后，人就会意识到自己的价值。孩子自不待言，就连大人也是如此。如果没有人认可自己，那就很难去认可别人。自己做了什么事情得到了表扬，心情自然变好，会意识到:“原来我是个有用的人！”这种意识又会促使自己产生“继续往下做”、“去挑战新的东西”之类的欲望。

那么，过度表扬会造成什么样的后果呢?

例如，孩子做错了事居然还得到了表扬。这就剥夺了孩子认识错误的机会，不仅没有改正，反倒增大了继续犯错的可能性。孩子没有反省，就不会成长。

而且，随着年龄的增长，孩子也会对自己的行为有是非判断。如果妈妈不顾事实，一个劲儿光表扬，那么孩子就会认为家长的话不可信，最终失去的是家长的权威。

不管是批评还是表扬，都是育儿中的重要因素。有的家长觉得自己的孩子不好意思表扬，就总是以批评为主；也有的妈妈总是从个人利益的角度去判断对错，稍不顺心就批评孩子。这些行为都是不妥当的。

想要做到恰如其分地批评和表扬，其实绝非易事。可以说根本没什么标准答案。

但是，批评和表扬都有助于孩子的成长，因此妈妈应该谨慎对待，不管是批评和表扬都要有据可依。在此基础上，尽量多表扬、少批评。

而且，依据孩子的不同性格，表扬和批评的方式也应该有所调整。

如果想让妈妈的意见和建议切实地传达到孩子心里，重要的一点就是要充分尊重孩子的性格，从他的特点出发采取适当的对策。下面我就说说具体该怎么做。

表扬能够加深亲子关系

父母是孩子最为信赖的人，如果得到了父母的表扬，孩子的自信心就会显著增强。有了自信，就有了前进的勇气，不畏惧失败，好奇心旺盛，敢于挑战各种新事物。

而且父母表扬孩子有助于加深亲子关系，彼此之间产生稳定的信赖感，孩子也会变得乐于助人。可以说表扬就是打造精神支柱的基础。

表扬与恭维不同

表扬是建立在一个人的优点上面的，包含了说话人对某件具体事情的立场和态度。而恭维这个单词在日语中原本的意思就是“迷惑扰乱对方”，也就是说，通过赞美让人飘飘然，或为有求于人之前的铺垫。恭维的特点就是带有明显的目的性。

说句闲话，在日本曾经举办过的新语—流行语大赏中，“捧杀”这个词得到过新语类别的金奖。“捧杀”的意思就是过分地夸奖或吹捧，使人骄傲自满、停滞退步甚至导致堕落、失败。获奖理由就是这个词既有趣又可怕。以前也有过“偏爱反为害”的说法，跟这个词的意思也差不多。

虽然表扬和恭维都是说些好听话，让对方开心，但是赞扬并不会害人。

表扬孩子的五个要点

○用语言、表情和亲密接触的方式

表扬孩子的时候，为了确保他能准确体会到家长的心意，有必要通过语言、表情和身体接触等方式来告诉他。表情柔和、面带笑容，一边说："做得真棒！"一边把他抱在怀里——这样，孩子就会明白："啊，这样做是对的！感觉真好！"妈妈千万不要认为不说他也能明白，一定要好好通过语言和态度来向孩子表示赞美。

○要直达孩子的心灵

并不是说孩子做什么都得表扬他。像是自己穿衣服、刷牙这种到了一定年龄就会做的事情，家长也要提出表扬的话，根本不会引起孩子的共鸣，更不会有"妈妈在看着我，我要加油"之类的感受。反过来，如果孩子很努力地完成了某件事情却没有得到肯定，他就会忍不住想："是不是我很没用？"因此，表扬要找准合适的时机，目光直视孩子，温柔地对他说："妈妈真为你骄傲！"这样才能真正触动孩子的心灵。

○过程比结果更值得肯定

大人们往往只关注结果，成功了就表扬。其实即使最终没有取得成功，努力的过程也值得赞许。因为世

界上很多事情不是只要付出努力就能有结果。就算孩子没有走到最后，妈妈也应该表扬他向前走的行动。这样才能激发出孩子的干劲——“再试一次！”“下次继续努力！”

○不要光凭心情表扬

有的妈妈在自己很疲劳的时候，就忘记去关注、表扬孩子；也有的妈妈看着孩子很可爱，就随便表扬一通……但是我建议妈妈们表扬孩子的时候不要依据自己的心情而定。如果孩子一旦发现妈妈是凭心情来判断的，就很容易养成看人脸色办事的毛病。

○不要依据个人的标准来衡量孩子

某些妈妈心里有一个“完美孩子”的形象，总是拿这个来跟自己的孩子作比较。特别是这个形象一般是以现实中的某个孩子为蓝本（哥哥姐姐或者是同学），无论自家孩子做什么，妈妈都爱用“像××一样做得好或不好”这种句式来评价他，我认为这是不恰当的。如果真想比较，那就把这个标准放在心里，不要说出来。

批评孩子的五个要点

○减少批评的机会

如果事先能对孩子的行为做好预测，那么就能减少很多训斥他的机会。比如说，在吵着要买东西之前就说好“今天我们什么也不买”，在发出噪音之前就跟他讲“坐公交车的时候要安静”，等等。只消说上几句话，就能避免孩子做错事遭到训斥。因此妈妈要揣摩好孩子的行为模式，推测他在哪些场合可能会犯错误，事先就做好准备。

○不要光训斥，而是要和他一起做

妈妈总是一味催促孩子“快点穿衣服”、“赶紧收拾”，但孩子只是嘴上回答“知道了”，却根本无动于衷。这是因为妈妈的时间观念和孩子的不一样。光是训斥他：“不是早跟你说要这样吗？”这是没有用的，妈妈应该更耐心地用语言指导，或者干脆和他一起做，这样效果更好。

○抱抱孩子，等他冷静下来再说

当孩子大哭或者神经兴奋的时候，无论妈妈怎样大声呵斥，他都听不进去。这个时候妈妈应该先温柔地抱抱孩子，让他紧张的情绪恢复冷静。待他平复下来之后，再拉住他的手，或者把他放在膝头，一边安抚他一边告诉他该怎么做。

○不要光顾着让他道歉

批评的目的并不是为了听孩子说一声“对不起”。但是有些妈妈一被怒火冲昏头脑，就容易陷入“只为听孩子一句道歉”的窠臼。多经历几次这样的对待之后，不仅没有解决问题，反倒让孩子误以为任何事情只要说“对不起”就能解决。

而且，如果是不经意的失败，就完全没有必要强求孩子道歉。

○不要滥用权威

有的妈妈喜欢用“不听话的孩子就会被警察叔叔抓走”、“那边的老婆婆会生气哦”诸如此类的话来吓唬孩子。其实这种滥用权威的表达方式与批评孩子的初衷是背道而驰的。如果孩子做了违反家规或是社会道德的事情，妈妈应该充满自信地表达出自己的看法，告诉孩子“错的事情不能做”。

3 创造能让孩子自由成长的环境

孩子的性格千人千样，没有哪个可以说是最标准的。要想让孩子性格中好的一面充分发挥出来，首先就是要认可他的优点。

因此就需要给他一个能够放松自己的场所，在那里他可以得到正面的认可。没有比家庭更适合的地方了。

至于如何把家庭变成一个能让孩子自由成长的环境，需要从以下十个方面下功夫。

POINT ①

全面相信他鼓励他

所谓鼓励，就是通过激励对方，达到重整精神、继续奋斗的目的。

在孩子情绪低落的时候，鼓励最能起到作用。

尝试了很多次也不顺利、不安、没自信等，即便是小孩子也会有很多让自己心情不好的理由。如果长期处于这种状态，孩子就会变得越来越畏缩。因此身边的大人要全面地相信他、鼓励他、支持他。

当孩子一个人觉得不安时，如果能感觉到身边的大人对自己无条件的信任，孩子就会重新认可自己，恢复自信，把家人的鼓励作为重整旗鼓的契机。

POINT ②

偶尔巧妙地恭维一下

在前面我们提到过恭维带有功利性，是不好的，但是当孩子刚经历过痛苦的事情，心情不好的时候，稍微夸张地表扬他一下也未尝不可。这样有助于他更好地平复情绪。姑且把恭维当作是一种特殊的鼓励方式吧。

有些表扬的话不痛不痒，反而让孩子觉得很虚伪，没有共鸣。所以有时候应当采用一些夸张但不失幽默的表扬方式，就算孩子知道这是在“拍马屁”，也会觉得很开心。

POINT ③

认可孩子内心的成长

虽然妈妈心里明白每个人都有不同的特点，但有时候还是忍不住拿自己的孩子跟别人的孩子作比较。

1
3
相对评价

绝对评价

在评价一个人的时候，有两种方法。一种叫作相对评价，指的是判断这个人在集体中处于什么位置；另一种叫作绝对评价，指的是这个人自身成长的程度。妈妈应该着重认可孩子自身的成长，对他进行“绝对评价”。

举一个简单的例子。小朋友们都各自种下了牵牛花的种子，当自己孩子种的开了一朵花时，你表扬他：“真棒！你让它开花了呢！”——这就是“绝对评价”。而“相对评价”就是：“啊？只开了一朵啊？××种的都开了四朵花呢！”又或者是在运动会的赛跑比赛中，妈妈提出“虽然摔倒了，但还是坚持到了最后”的表扬就是“绝对评价”；而“怎么才得了第三名？××可是跑了第一”就是“相对评价”。

得出相对评价经常需要与某个人进行比较，为了得到表扬需要击败所有的人，这不利于孩子接纳其他的人。而“绝对评价”认可的是个人的努力，得到“绝对评价”的孩子更容易接纳其他人，能够在充满个性和多样性的环境中生活得更好。

POINT ④

不要让孩子觉得自己没用

有的孩子一旦被人严厉地训斥或者拒绝之后，就容易产生“会不会再次遭到批评”之类的念头，内心感到恐惧，就会用自我批评来掩饰内心的不安。

比如说，某次没有听妈妈的话，结果被说成是“坏孩子”；没有遵守约定，结果朋友就说“真是看错你了”，惨遭绝交，等等。这些事情对一个孩子来说确实是非常痛苦的体验。但事实又是如何呢？没有听妈妈的话，是因为有自己的想法，也希望得到家长的承认。但因为年纪小，还不太会表达意见。而所谓的“失约”，也不过是朋友的一厢情愿，自己一开始并没有答应。诸如此类的事情有很多。

因此，妈妈应该及时打消孩子觉得自己“不中用”的念头。只用告诉他:“不是你的人品有问题，而是做法不恰当而已。”能自我肯定的人，以后也会宽容地对待别人。

POINT ⑤

不完美也没关系

那些没有自信的孩子，往往对自己要求严格，性格认真。总是认为自己只有做到完美，才会被其他人认可。

换种思路来看，世界上并不存在不好的性格。像是内向、不善言辞、不灵活等，只要自己觉得好，那就是优点。

如果非说哪种性格不好，那就非“无法接受自己”莫属。无法接受自己的人，也无法接受他人。

能够接受不完美的自己，那么同样也会对别人宽容。妈妈应该首先做到全盘认可自己孩子的性格。

POINT ⑥

自如地表达情感

孩子同大人一样，也有自由表达情感的权利。但并不意味着，可以把怒气随便发泄到他人或者东西身上。

如果孩子有推人、踢人、打人甚至是咬人的行为，一定要当场制止，并让他好好反省。特别是小孩子，更倾向于通过“动手”解决问题，妈妈必须得引导他学会先用语言来表达情感。例如，在感觉他“发怒”之前，先问问“怎么了”或者“你想做什么呢”之类，让孩子学会思考。这样，他就会更加了解目前的情绪状态，自然也会考虑接下来该如何处理。

除了“快乐”、“喜悦”之类的正面情绪之外，也能恰如其分地表达“后悔”、“生气”、“悲伤”等负面情绪，这才是自控力强的证明。感情和性格是两种完全不同的东西，所以即便是孩子表现出了负面的情绪，也不代表他就是个“坏孩子”，妈妈大可放心。

任何事都讲究一个平衡，那就请妈妈好好教育自己的孩子吧。

POINT ⑦

做一个正直的人

妈妈们平时是如何表现不满、焦虑、生气等情绪的？在孩子面前毫无保留地发泄出来自然不好，但也不能一味忍着。即便妈妈隐藏得再好，孩子也能察觉到你的情绪。

比如说，妈妈做出笑脸，对孩子说："我不会生气的，你就直说吧。"希望以这种"伪装"让孩子说出真话。但是孩子心里很明白妈妈正在生气。而且，即使说"不生气"，但听了自己的讲述之后也一定会生气；而选择沉默的话，也会让他生气。不管怎么做，结果都会激怒妈妈。这也被称作"双重束缚"。

如果家长言行不一致，就会让孩子陷入无意义的困惑之中。如果经常遇到这种事情，孩子的内心就会变得惶恐不安。为了能让孩子安心，我认为在他们面前还是展示出自己真实的一面比较好。

POINT ⑧

不要说"随你的便"

有的妈妈过分强调尊重孩子的自由，甚至孩子过来询问意见时，也说"随你的便"。

例如孩子画画的时候，说“这里用绿色”、“我觉得这个颜色更好”之类的话固然不好，如果孩子明明向你咨询“觉得哪个颜色更好看”，你却回答说“随你的便”，这就等于是无视了孩子的问题。孩子就会认为自己根本不重要，内心很失落。

这样的妈妈可能是担心自己的希望和理想会干涉到孩子的爱好和性格，其实是多虑了。

培养孩子的自主性固然重要，但年纪尚小的孩子，还是非常需要妈妈的照顾和指导。

“随你的便”这种话还是要斟酌着说。

POINT ⑨

把家变成一个放松的场所

无论是哪个孩子，都有可能成为欺负和嘲笑的对象。过了一定的年龄之后，妈妈就不能时时刻刻都保护他了。

即便如此，如果家庭是一个能够放松身心的地方，在家里能够体会到温暖和安全感，那么孩子就能完成自我救赎。如果妈妈也是一个心胸宽广、性格豁达的人，那么家对孩子来说就是一个温馨的港湾。只要孩子认为就算失败了也能在家里得到理解和原谅，那么他的内心就不会充满阴霾。

我们大人不也总是有失败的时候，有时还会自嘲一番。如果身边的家人不会嘲笑孩子，还能够原谅和包容孩子的话，那他的内心一定是强大的。

POINT ⑩

睡觉前回顾一天的生活

睡觉前最好让孩子回忆一下今天“开心的事情”、“完成的事情”再睡。哪怕是“玩得很开心”、“把饭全部吃完了”这种小事也没有关系。妈妈再说上几句表扬或者鼓励的话，就能让孩子安心地沉入梦乡。一天之中肯定发生了各种各样的事情，但如果能带着一天之中最美好的回忆入睡，孩子就能更加肯定自己，更加快乐。

不只是让孩子回忆，妈妈看着孩子的睡脸，也应该好好回想一下自己的行为。可能有时也会自责:“今天好像说了很多批评的话……”

这时候就该想想，到底是为什么事情批评了孩子，是不是不用批评的方式也能解决问题？该更好地跟孩子解释，还是应该提前就提醒他？就这样经常自省，日复一日，想必教育起孩子来能够更加得心应手。

“批评”是帮助孩子成长的方式之一，既要适度，也要得体。请各位妈妈琢磨一下该怎么提高自己的“批评”水平吧！

对于家有幼儿或是儿童的、天天奋斗在育儿之中的妈妈而言，怎么对待孩子的性格问题，是一件大事。

首先要有“没有完美的妈妈，也没有完美的孩子”这样的认识。在此基础上，正如本书中提到的那样，性格不是一成不变的，它受到天生的特质、亲子关系、家庭和社会角色、环境等各方面的影响，是会被改变的。妈妈们要牢记“性格是在各种关系中养成的”。

处在幼儿期或者儿童期的孩子还不懂得怎样分析自己的性格，也不会主动去改变自己。只有到了青春期，才会逐渐用客观的角度审视自己，纠结于理想中的自我和现实中的自我之间。因此，在孩子尚年幼的时候，妈妈应该正确地看待孩子那些“令人烦恼的性格”、“不好的性格”，把它作为行为特征的一种来接受，不要急着去否定。这点非常重要。然后在这些行为特征之中，仔细发掘孩子性格中像钻石原石一样的闪光点——不管哪个孩子，都具备这样的潜质。

如果看过本书之后，妈妈能从“性格只分好坏”这种单纯的价值判断的束缚中解放出来，完完全全地接纳孩子，那就是本书的意义所在。

后记

看过本书后，有的妈妈可能长舒一口气，觉得自己在育儿和亲子关系的处理方面都没有错，想必对明天更加满怀信心；也有的妈妈认为自己应该以更轻松的方式去对待孩子，自此视野变得更加开阔，也对孩子有了更多的认识。

当然，也有的妈妈觉得自己应该多去关注孩子，往后看待孩子的眼光会有所不同。这些反应都非常令人高兴。

对妈妈而言育儿的岁月可能很漫长，而这才是孩子人生的起步阶段。不同的妈妈、不同的孩子、不同的面容、不同的行动特点、不同的感受性、不同的意识、不同的思考方式，都在这段时期内互相碰撞。

不管对妈妈还是对孩子来讲，育儿都不是战场，也不是有明确目标的游戏；而是一个以家庭为中心向外扩展的世界，幼儿园、学校和地区都被包含在内。妈妈在其中扮演的是陪跑者的角色，要从各个方面影响和引导孩子，让他逐渐适应复杂而又多样化的现实世界。

所谓的性格，就是妈妈与孩子相遇相知，各自的人格互相磨合和影响的产物。

希望妈妈们能够从固定的观念中解放出来，用新鲜的视角重新审视孩子的性格，用更加灵活的方式和宽广的胸怀来对待他们。

秦野悦子

2011年10月